Bucătăria Italiană
Arome Autentice și Bucurie Culinară

Elena Vasilescu

CUPRINS

Salată de creveți și orez 9

Salată de creveți, portocale și hamsii 12

Salata de sardine si rucola 14

Salată de scoici la grătar 17

Salată venețiană de crab 19

Salata de calamari cu rucola si rosii 21

Salata de homar 24

Salată toscană de ton și fasole 27

Salata de cuscus cu ton 29

Salata de ton cu fasole si rucola 31

Vineri seara salata de ton 34

Vinaigretă cu alune de gorgonzola 37

Vinaigreta cu crema de lamaie 38

Vinaigretă de portocale cu miere 39

Ciorbă de carne 40

supa de pui 42

Supa de fasole Antonietta 44

Paste și fasole 47

Supă cremoasă de fasole 49

Supă friulană de orz și fasole 51

Supă de fasole și ciuperci ... 53

Paste și fasole milaneză ... 56

Supă de linte și fenicul ... 60

Supă de spanac, linte și orez ... 62

Supă de linte și legume verzi ... 64

Supă de linte piure cu crutoane ... 66

Supă de năut din Puglia ... 68

Supă cu tăiței de năut ... 70

Supă ligurică cu năut și ciuperci porcini ... 73

Pâine toscană și supă de legume ... 76

Supă de dovlecei de iarnă ... 81

Supă cu apă fiartă ... 83

Supă pesto de dovlecei ... 85

Supă de praz, roșii și pâine ... 88

Supă de dovlecel și roșii ... 90

Supă de dovlecel și cartofi ... 92

Supă cremoasă de fenicul ... 94

Supă de ciuperci și cartofi ... 96

Supă cremoasă de conopidă ... 98

Supă siciliană de roșii și orz ... 100

Supă de ardei roșu ... 102

Fontina, paine si supa de varza ... 104

Supă cremoasă de ciuperci 107

Supa de legume cu pesto 110

Supă de ouă Pavia 113

Supă romană de ouă 116

Clatite cu oua in bulion 118

Prajituri cu gris in bulion 120

Taitei de paine in bulion 123

Galuste tiroleze 125

Supă de fasole verde și cârnați 128

Supă de scarole și chiftele mici 131

Supa „Mire" 133

Supa de peste toscana 136

Supă grosieră de pește 140

Fructe de mare, paste și supă de fasole 142

Scoici și scoici în bulion de roșii 146

Sos marinara 149

sos de rosii proaspat 151

Sos de rosii in stil sicilian 153

Sos de rosii in stil toscan 156

Sos pizzaiola 159

Sos de carne „fals" 161

Sos roz 164

Sos de ceapa si rosii	166
Sos de rosii prajit	168
Ragù în stil Abruzzo	170
Ragu napolitan	173
Tocană de cârnați	177
Ragu în stilul mărcii	179
Sos de carne toscan	182
ragout bolognese	186
Tocană de rață	189
Tocană de iepure sau pui	192
Tocană de ciuperci porcini și carne	195
Tocană de porc cu ierburi proaspete	198
Tocană de carne cu trufe	201
Sos de unt-salvie	205
ulei sfânt	206
Sos de brânză Fontina	207
beșamel	208
sos de usturoi	210
Sos verde	212
Sos sicilian cu usturoi si capere	214
sos de patrunjel si ou	216
Ardei roșu și sos de roșii	219

Sos de măsline 221

Sos de rosii uscate 222

Salată de creveți și orez

Insalata di Riso cu Gamberi

Face 4 portii

Fiumicino, în afara Romei, este cel mai bine cunoscută ca locația unuia dintre cele mai mari aeroporturi din Italia, numit după artistul Leonardo Da Vinci. Dar Fiumicino este și un port maritim, unde romanilor le place să meargă vara pentru a se bucura de briza răcoroasă și a mânca la unul dintre marile restaurante de pește de pe mal. La Bastianelli al Molo ne-am așezat sub o umbrelă mare de soare albă pe terasă și ne-am uitat la mare. Am avut o masă cu mai multe feluri care includea această salată simplă de creveți și orez.

Orezul cu bob lung gătit se va întări la frigider, așa că pregătiți această salată chiar înainte de servire.

2 căni de orez cu bob lung

1/3 cană ulei de măsline extravirgin

3 linguri suc proaspăt de lămâie

1 kilogram de creveți medii, decojiți și devenați

1 buchet de rucola

2 roșii medii, tăiate în sferturi

1.Aduceți 4 căni de apă la fiert într-o oală mare. Adăugați orezul și 1 linguriță de sare. Amesteca bine. Reduceți căldura la mic, acoperiți oala și gătiți până când orezul este fraged, 16 până la 18 minute. Turnați orezul într-un castron mare de servire.

2.Într-un castron mic, amestecați uleiul, sucul de lămâie, sare și piper după gust. Se amestecă jumătate din dressing în orez și se lasă să se răcească.

3.Tăiați tulpinile dure de rucola și aruncați frunzele îngălbenite sau deteriorate. Spălați rucola de mai multe ori cu apă rece. Se usuca foarte bine. Rupați rucola în bucăți de mărimea unei mușcături.

4.Aduceți 2 litri de apă la fiert într-o cratiță medie. Adăugați creveți și sare după gust. Aduceți la fierbere și gătiți până când creveții devin roz și tocmai gătiți, aproximativ 2 minute. Se scurge si se lasa sa se raceasca sub jet de apa.

5. Tăiați creveții în bucăți mici. Amestecați creveții și rucola în orez. Adăugați restul de dressing și amestecați bine. Gustați și ajustați condimentele. Se orneaza cu rosii. Serviți imediat.

Salată de creveți, portocale și hamsii

Insalata di Gamberi, Arancia si Acciughe

Face 4 portii

Unul dintre restaurantele mele venețiene preferate este La Corte Sconta, „curtea ascunsă". În ciuda numelui, nu este prea greu de găsit, deoarece este o trattorie foarte populară, care servește un meniu din pește. Aceasta salata picanta de mustar Dijon este inspirata din salata pe care am avut-o acolo.

1 ceapă roșie mică, feliată subțire

2 lingurițe de muștar de Dijon

1 cățel de usturoi, ușor zdrobit

4 lingurițe de suc proaspăt de lămâie

1/4 cană ulei de măsline extravirgin

1 lingurita rozmarin proaspat tocat

Sare și piper negru proaspăt măcinat

24 de creveți mari, decojiți și devenați

4 portocale buric, decojite, fără coajă albă și feliate

1 (2 uncii) file de hamsii, scurs

1. Puneti ceapa intr-un bol mediu si acoperiti cu apa foarte rece. Se lasa sa stea 10 minute. Scurgeți ceapa, acoperiți din nou cu apă foarte rece și lăsați să stea încă 10 minute. (Acest lucru va face ca ceapa să aibă un gust mai puțin picant.) Uscați ceapa.

2. Într-un castron mare, amestecați muștarul, usturoiul, sucul de lămâie, uleiul și rozmarinul, asezonați cu sare și piper negru proaspăt măcinat.

3. Aduceți o oală medie cu apă la fiert la foc mediu-mare. Adăugați creveți și sare după gust. Gătiți până când creveții devin roz și sunt gătiți, aproximativ 2 minute, în funcție de dimensiune. Se scurge si se lasa sa se raceasca sub jet de apa.

4. Adăugați creveții în bolul cu dressingul și amestecați bine. Aranjați cresonul pe farfurii de servire. Se ornează cu felii de portocală. Turnați creveții și dressingul peste portocale. Deasupra se împrăștie feliile de ceapă. Serviți imediat.

Salata de sardine si rucola

Insalata cu sardinia

Face 2 portii

Această salată are la bază cea pe care am încercat-o la Roma, care a fost servită pe o felie groasă de pâine prăjită și sub formă de bruschetă. Deși mi-a plăcut combinația, a fost greu de mâncat. Prefer să servesc pâinea ca garnitură. Sardinele conservate învelite în ulei de măsline au o aromă delicioasă de fum care adaugă atât de mult acestei salate simple.

1 buchet mare de rucola

2 linguri ulei de masline

1 lingura suc proaspat de lamaie

Sare și piper negru proaspăt măcinat

1/2 cană măsline negre uscate, fără sâmburi și tăiate în 2 sau 3 bucăți

1 cutie (3 uncii) de sardine în ulei de măsline

2 cepe de primăvară, tăiate în felii subțiri

4 felii de pâine italiană, prăjită

1. Tăiați tulpinile dure de rucola și aruncați frunzele îngălbenite sau deteriorate. Spălați rucola de mai multe ori cu apă rece. Se usuca foarte bine. Rupați rucola în bucăți de mărimea unei mușcături.

2. Într-un castron mare, amestecați uleiul, sucul de lămâie, sare și piper după gust. Se adauga rucola, maslinele, sardinele si ceapa si se amesteca bine. Gustați și ajustați condimentele.

3. Serviți imediat cu pâine prăjită.

Salată de scoici la grătar

Insalata di Capesante alla Griglia

Face 3-4 portii.

Scoici mari, plinuti, sunt delicios la gratar si serviti pe un pat de salata verde delicata si rosii. Scoicile pot fi gătite pe un grătar în aer liber, dar eu fac această salată pe tot parcursul anului, așa că cel mai adesea gătesc scoici într-o tigaie pentru grătar. Această salată este inspirată din salata pe care am savurat-o adesea la restaurantul I Trulli și Enoteca din New York.

ulei de masline

1 kilogram de scoici mari, clătiți

2 linguri suc proaspăt de lămâie

Sare și piper negru proaspăt măcinat

2 linguri busuioc proaspăt tocat

1 lingura menta proaspata tocata

2 roșii mari coapte, tăiate în bucăți mici

6 căni de verdeață fragedă, ruptă în bucăți mici

1. Încinge o tigaie de grătar la foc mediu-mare până când sfârâie o picătură de apă când cade la suprafață. Ungeți ușor tigaia cu ulei.

2. Uscați scoicile și puneți-le pe tigaia grătar. Gatiti pana cand scoicile se rumenesc usor, aproximativ 2 minute. Întoarceți scoici și gătiți până devin maro auriu și ușor translucid în centru, cu 1 până la 2 minute mai mult.

3. Într-un castron mare, amestecați sucul de lămâie cu 3 linguri de ulei. Adăugați scoicile și amestecați bine. Lasă să stea 5 minute, amestecând o dată sau de două ori.

4. Adăugați ierburi și roșii la scoici și amestecați ușor.

5. Aranjați salata pe farfurii de servire. Acoperiți cu amestecul de scoici și serviți imediat.

Salată venețiană de crab

Insalata di Granseola

Face 6 portii

În Veneția există multe baruri de vinuri, numite bacari, unde oamenii se adună pentru a se întâlni cu prietenii și a savura un pahar de vin și farfurii mici. Această salată delicată de crabi mari numită granseole este adesea servită ca garnitură pentru crostini. În restaurantele mai formale, este servit elegant în cupe de radicchio. Este un aperitiv grozav pentru o masă de vară.

2 linguri de pătrunjel proaspăt cu frunze plate tocat

1/4 cană ulei de măsline extravirgin

2 linguri suc proaspăt de lămâie

Sare si piper negru proaspat macinat dupa gust

1 kilogram de carne de crab proaspătă, cuscută

Radicchio pleacă

1. Într-un castron mediu, amestecați pătrunjelul, uleiul, sucul de lămâie, sare și piper după gust. Adăugați carnea de crab și amestecați bine. Gust pentru condimente.

2. Aranjați frunzele de radicchio pe farfurii de servire. Pune salata verde pe frunze. Serviți imediat.

Salata de calamari cu rucola si rosii

Calamari insalata

Face 6 portii

Tăieturile încrucișate de pe suprafața calamarului (calamari) fac bucățile să se îndoaie strâns în timp ce se gătesc. Acest lucru nu numai că face calamarul fraged, ci îi face și foarte atractivi.

Lăsați suficient timp pentru marinare pentru cea mai bună aromă. Puteți pregăti calamarii cu până la trei ore înainte.

1 1/2 kilograme de calamari curățați (calamari)

2 catei de usturoi, tocati

2 linguri de pătrunjel proaspăt cu frunze plate tocat

5 linguri ulei de masline

2 linguri suc proaspăt de lămâie

Sare și piper negru proaspăt măcinat

1 buchet mare de rucola

1 lingura otet balsamic

1 cană de roșii cherry sau struguri, tăiate la jumătate

1. Împărțiți calamarii pe lungime și desfaceți-i plat. Folosind un cuțit ascuțit, marcați corpurile desenând linii diagonale la aproximativ 1/4 inch una dintre ele. Rotiți cuțitul și trageți linii diagonale în direcția opusă, creând un model încrucișat. Tăiați fiecare calmar în pătrate de 2 inci. Tăiați baza fiecărui grup de tentacule în jumătate. Clătiți bucățile, scurgeți-le și puneți-le într-un bol.

2. Se adauga usturoiul, patrunjelul, 2 linguri ulei de masline, zeama de lamaie, sare si piper dupa gust si se amesteca bine. Acoperiți și marinați cu până la 3 ore înainte de gătit.

3. Puneți calamarii și marinata într-o tigaie mare. Gatiti la foc mediu-mare, amestecand des, pana cand calamarii devin opace, aproximativ 5 minute.

4. Tăiați tulpinile dure de rucola și aruncați frunzele îngălbenite sau deteriorate. Spălați rucola de mai multe ori cu apă rece. Se usuca foarte bine. Rupați rucola în bucăți de mărimea unei mușcături. Aranjați rucola pe un platou.

5. Într-un castron mic, amestecați cele 3 linguri de ulei și oțet rămase și asezonați cu S&P. Se toarnă peste rucola și se amestecă bine. Peste rucola se pune calamarul. Presarati rosiile deasupra si serviti imediat.

Salata de homar

Insalata din Aragosta

Face 4-6 portii

Sardinia este renumită pentru crustaceele sale, în special homarul, cunoscut și sub numele de larve, și creveții dulci. Eu și soțul meu am mâncat această salată cu gust proaspăt într-o mică trattorie de pe malul mării din Alghero, în timp ce ne-am uitat la pescari reparându-și plasele pentru munca de a doua zi. Unul dintre ei stătea desculț pe platformă. A prins un capăt al plasei cu degetele de la picioare și a ținut-o întins, lăsând ambele mâini libere pentru coasere.

Această salată poate fi o masă completă sau un prim fel. O sticlă de Vernaccia sardinian răcită ar fi acompaniamentul perfect.

Unele piețe de pește vor aburi homari pentru tine, economisind un pas.

4 homari (aproximativ 1 1/4 lire fiecare)

1 ceapă roșie medie, tăiată în jumătate și feliată subțire

6 frunze de busuioc

4 coaste fragede de țelină, feliate subțiri

Aproximativ 1/2 cană ulei de măsline extravirgin

2 până la 3 linguri de suc proaspăt de lămâie

Sare și piper negru proaspăt măcinat

Frunze de salata verde

8 felii subțiri de pâine italiană crocantă

1 catel de usturoi

3 roșii mari coapte, tăiate în sferturi

1. Puneți un suport sau un coș de aburi în fundul unei oale suficient de mare pentru a ține cei patru homari. (O oală de 8 sau 10 litri ar trebui să funcționeze.) Adăugați apă chiar sub suport. Aduceți apa la fiert. Adăugați homari și acoperiți oala. Când apa revine la fierbere și iese aburi din oală, gătiți homarii timp de 10 minute sau mai mult, în funcție de mărimea lor. Asezam homarii intr-un bol si lasam sa se raceasca.

2. Puneți ceapa într-un castron mic și acoperiți cu apă cu gheață. Se lasa sa stea 15 minute. Înlocuiți apa și lăsați să stea încă 15 minute. Scurgeți și uscați.

3. Între timp, scoateți carnea homarului din coji. Rupeți cozile homarului. Cu ajutorul foarfecelor de pasăre, îndepărtați coaja subțire care acoperă carnea de coadă. Loviți ghearele cu partea contondită a cuțitului pentru a le rupe. Deschide ghearele. Scoateți carnea cu degetele. Tăiați carnea în felii subțiri și puneți-o într-un castron mare.

4. Stivuiți frunzele de busuioc și tăiați-le în cruce în fâșii subțiri. Adăugați busuiocul, țelina și ceapa în bolul cu homarul. Stropiți cu 1/4 cană ulei și suc de lămâie și asezonați cu sare și piper. Amesteca bine. Aranjați amestecul de homar pe patru farfurii tapetate cu frunze de salată.

5. Prăjiți pâinea și apoi frecați-o cu un cățel de usturoi feliat. Stropiți pâinea prăjită cu uleiul rămas și stropiți cu sare. Ornați vasul cu felii de pâine prăjită și roșii. Serviți imediat.

Salată toscană de ton și fasole

Insalata di Tonno alla Toscana

Face 6 portii

Bucătarii toscani sunt renumiți pentru capacitatea lor de a pregăti fasolea la perfecțiune. Frumoasă, cremoasă și plină de aromă, fasolea transformă un preparat obișnuit în ceva special, precum această salată clasică. Dacă o găsiți, cumpărați conserva Ventresca di Tonno, burtă de ton, în ulei de măsline bun. Burta este considerată cea mai subțire parte a tonului. Este mai scump, dar plin de aromă și textură cărnoasă.

3 linguri ulei de masline extravirgin

1 până la 2 linguri de suc proaspăt de lămâie

Sare și piper negru proaspăt măcinat

3 cani de fasole cannellini fiarta sau conservata, scursa

2 coaste fragede de telina, feliate subtiri

1 ceapa rosie mica, feliata foarte subtire

2 cutii (7 uncii) de ton italian învelite în ulei de măsline

2 sau 3 andive belgiene, curatate si impartite in lance

1. Într-un castron mediu, amestecați uleiul, sucul de lămâie, sarea și piperul măcinat generos.

2. Adăugați fasolea, țelina, ceapa și tonul. Amesteca bine.

3. Aranjați vârfurile de andive pe un platou. Se ornează cu salată. Serviți imediat.

Salata de cuscus cu ton

Insalata di Tonno si Cuscusu

Face 4 portii

Cușcușul este consumat în mai multe regiuni italiene, inclusiv în părți din Sicilia și Toscana. În fiecare an, orașul sicilian San Vito lo Capo găzduiește un festival de couscous care atrage sute de mii de vizitatori din întreaga lume. În mod tradițional, cușcușul este gătit cu diverse fructe de mare, carne sau legume și se servește fierbinte. Această salată rapidă de cușcuș cu ton este un preparat modern și sățios.

1 cană de cușcuș cu gătit rapid

Sare

2 linguri busuioc proaspăt tocat

3 linguri ulei de masline

2 linguri suc de lamaie

Piper negru proaspăt măcinat

1 conserve (7 uncii) de ton italian învelit în ulei de măsline

2 coaste fragede de telina, tocate

1 rosie, tocata

1 castravete mic, curatat de coaja, fara samburi si tocat

1. Asezonați cușcușul cu sare conform instrucțiunilor de pe ambalaj.

2. Într-un castron mic, amestecați busuiocul, uleiul, zeama de lămâie, sare și piper după gust. Se amestecă cușcușul fierbinte. Amesteca bine. Gustați și ajustați condimentele. Scurgeți tonul și adăugați-l în bol împreună cu țelina, roșiile și castraveții.

3. Amesteca bine. Gustați și ajustați condimentele. Se serveste la temperatura camerei sau se lasa la rece pentru scurt timp la frigider.

Salata de ton cu fasole si rucola

Insalata di Tonno, fagioli și rachetă

Face 2-4 portii

Cred că aș putea scrie o carte întreagă despre salatele mele preferate cu ton. Acesta este ceea ce fac adesea pentru un prânz sau o cină rapidă.

1 buchet mare de rucola sau de nasturel

2 cani de cannellini sau afine fierte sau conservate, scurse

1 conserve (7 uncii) de ton italian învelit în ulei de măsline

¼ cană ceapă roșie tocată

2 linguri de capere, clătite și scurse

1 lingura suc proaspat de lamaie

Sare și piper negru proaspăt măcinat

Felii de lămâie pentru decor

1. Tăiați tulpinile dure de rucola sau de nasturel și aruncați toate frunzele îngălbenite sau deteriorate. Spălați rucola de mai multe ori cu apă rece. Se usuca foarte bine. Rupeți verdeața în bucăți de mărimea unei mușcături.

2. Într-un castron mare de salată, combinați fasolea, tonul și uleiul acestuia, ceapa roșie, caperele și sucul de lămâie. Amesteca bine.

3. Amestecați legumele și serviți ornat cu felii de lămâie.

Vineri seara salata de ton

Insalata de Venerdi Sera

Face 4 portii

Vineri odinioară erau zile fără carne în familiile catolice. Cina la noi acasă era de obicei paste și fasole și această salată simplă.

1 conserve (7 uncii) de ton italian învelit în ulei de măsline

2 coaste de telina cu frunze, curatate si feliate

2 roșii medii, tăiate în bucăți mici

2 oua fierte tari, curatate si taiate in patru

3 sau 4 felii de ceapa rosie, feliate subtiri si taiate in patru

Un praf de oregano uscat

2 linguri ulei de masline extravirgin

1/2 dintr-un cap mediu de salată romană, clătită și uscată

Felii de lamaie

1. Puneti tonul cu ulei intr-un castron mare. Rupeți tonul în bucăți cu o furculiță.

2. Adăugați țelina, roșiile, ouăle și ceapa la ton. Stropiți cu oregano și ulei de măsline și amestecați ușor.

3. Aranjați frunzele de salată verde pe un platou. Se ornează cu salată de ton. Se ornează cu felii de lămâie și se servește imediat.

CARENAJE

Vinaigretă cu alune de gorgonzola

salsa de gorgonzola și nocciole

Face aproximativ 2/3 cană

Am avut acest sos în Piemont, unde a fost servit peste frunze de andive, dar se potrivește cu orice număr de legume mestecate, cum ar fi salata de varză, scarola sau spanacul.

4 linguri ulei de masline extravirgin

1 lingura otet de vin rosu

Sare și piper negru proaspăt măcinat

2 linguri Gorgonzola maruntit

1/4 cană de alune prăjite mărunțite (vezi<u>Cum să prăjiți și să curățați nucile</u>)

Într-un castron mic, amestecați uleiul, oțetul, sare și piper după gust. Se amestecă Gorgonzola și alunele. Serviți imediat.

Vinaigreta cu crema de lamaie

Salsa di Limone alla Panna

Face aproximativ 1/3 cană

Puțină smântână îndulcește o vinaigretă cu lămâie. Îmi place pe frunze fragede de salată.

3 linguri ulei de masline extravirgin

1 lingura suc proaspat de lamaie

1 lingura crema

Sare și piper negru proaspăt măcinat

    Se amestecă toate ingredientele într-un castron mic. Serviți imediat.

Vinaigretă de portocale cu miere

Citronette al'Arancia

Face aproximativ 1/3 cană

Dulceața acestui dressing îl face o combinație perfectă cu amestecuri de legume precum mesclunul. Sau incearca o combinatie de nasturel, ceapa rosie si masline negre.

3 linguri ulei de masline extravirgin

1 lingurita miere

2 linguri suc proaspăt de portocale

Sare și piper negru proaspăt măcinat

Se amestecă toate ingredientele într-un castron mic. Serviți imediat.

Ciorbă de carne

Brodo di Carne

Face aproximativ 4 halbe

Iata un bulion de baza facut din diverse tipuri de carne pentru supe, risotti si tocanite. Un bulion bun ar trebui să fie plin de aromă, dar nu atât de agresiv încât să depășească aroma preparatului. Se pot folosi carne de vita, vitel si pasare, dar trebuie evitate carnea de porc si miel. Aroma lor este puternică și poate copleși bulionul. Variază proporțiile de carne pentru acest bulion în funcție de gustul tău sau de ingredientele pe care le ai la îndemână.

2 kilograme de oase de vită

2 kg umăr de vițel cu os

2 kg bucăți de pui sau curcan

2 morcovi, curatati si taiati in 3 sau 4 bucati

2 coaste de telina cu frunze, taiate in 3 sau 4 bucati

2 cepe medii, curatate de coaja dar lasate intregi

1 roșie mare sau 1 cană de roșii tăiate la conserva

1 catel de usturoi

3 sau 4 crengute de patrunjel proaspat plat cu tulpini

1. Într-o oală mare, combinați carnea, oasele și bucățile de pui. Se adauga 6 litri de apa rece si se aduce la fierbere la foc mediu.

2. Reglați căldura astfel încât apa să fiarbă abia la foc mic. Îndepărtați orice spumă sau grăsime care se ridică la suprafața bulionului.

3. Când spuma nu mai crește, adăugați ingredientele rămase. Se lasa sa fiarba 3 ore, ajustand focul astfel incat lichidul sa faca bule.

4. Lăsați bulionul să se răcească pentru scurt timp și apoi strecurați-l în recipiente de plastic. Bulionul poate fi folosit imediat sau lăsat să se răcească complet, apoi acoperit și păstrat la frigider până la 3 zile sau la congelator până la 3 luni.

supa de pui

Brodo di Pollo

Face aproximativ 4 halbe

Un pui mai în vârstă, numit pasăre, dă bulionului o aromă mai plină și mai bogată decât un pui mai tânăr. Dacă nu găsiți carne de pasăre, încercați să adăugați aripioare sau gât de curcan în bulion, dar nu folosiți prea mult curcan, altfel puiul va fi copleșit de aromă.

După gătire, o mare parte din aroma cărnii se evaporă, dar bucătarii italieni frugali o folosesc pentru a face o salată sau o maruntează pentru o umplutură de paste sau legume.

1 carne de pasăre sau pui întreg, 4 lbs

2 kg bucăți de pui sau curcan

2 coaste de telina cu frunze, taiate bucatele

2 morcovi, feliați

2 cepe medii, curatate de coaja si lasate intregi

1 roșie mare sau 1 cană de roșii tăiate la conserva

1 catel de usturoi

3 sau 4 crengute de patrunjel proaspat

1. Puneți carnea de pasăre și bucățile de pui sau curcan într-o oală mare. Se adauga 5 litri de apa rece si se aduce la fierbere la foc mediu.

2. Reglați căldura astfel încât apa să fiarbă abia la foc mic. Îndepărtați orice spumă sau grăsime care se ridică la suprafața bulionului.

3. După ce spuma nu mai crește, adăugați ingredientele rămase. Lasam sa fiarba 2 ore, ajustand focul astfel incat lichidul sa faca bule.

4. Lăsați bulionul să se răcească pentru scurt timp și apoi strecurați-l în recipiente de plastic. Bulionul poate fi folosit imediat sau lăsat să se răcească complet, apoi acoperit și păstrat la frigider până la 3 zile sau la congelator până la 3 luni.

Supa de fasole Antonietta

Zuppa de Fagioli

Face 8 portii

Când am vizitat crama familiei Pasetti din Abruzzo, bucătarul lor Antonietta a făcut această supă de fasole pentru prânz. Se bazează pe clasic<u>Ragù în stil Abruzzo</u>, dar poti folosi si alt sos de rosii cu sau fara carne.

Pentru a netezi fasolea şi a îndepărta cojile se foloseşte o râşniţă de legume. Supa se poate face piure şi într-un robot de bucătărie sau blender. Antonietta a servit supa cu Parmigiano-Reggiano proaspăt ras, deşi ne-a spus că în această regiune este tradiţional să asezonăm supa cu seminţele unui ardei iute verde proaspăt. Împreună cu brânza rasă, ea a dat o farfurie cu ardei iute şi un cuţit, astfel încât fiecare oaspete să-şi poată toca şi adăuga pe al său.

2 căni<u>Ragù în stil Abruzzo</u>, sau alt sos de carne sau de rosii

3 căni de apă

4 cani de afine fierte, uscate sau conservate sau fasole cannellini, scurse

Sare si piper negru proaspat macinat dupa gust

4 uncii spaghete, tăiate sau rupte în bucăți de 2 inci

Parmigiano-Reggiano proaspăt ras

1 sau 2 ardei iute verzi proaspeți, de ex. B. Jalapeno (opțional)

1. Dacă este necesar, pregătiți ragù. Apoi combinați tocanita și apa într-o oală mare. Treceți fasolea printr-o râșniță de legume în oală. Gatiti la foc mic, amestecand din cand in cand, pana cand supa este fierbinte. Asezonați cu sare și piper.

2. Adăugați tăițeii și amestecați bine. Gatiti, amestecand des, pana cand taiteii sunt fragezi. Dacă supa devine prea groasă, adăugați puțină apă.

3. Se servește fierbinte sau căldută. Dacă folosiți, lăsați separat brânza și ardeii proaspeți.

Paste și fasole

Paste și fagioli

Face 8 portii

Această versiune napolitană a supei cu tăiței de fasole (cunoscută sub numele dialectal „Pasta Fazool") este de obicei servită foarte groasă, dar trebuie mâncată întotdeauna cu o lingură.

¼ cană ulei de măsline

2 coaste de țelină, tocate (aproximativ 1 cană)

2 catei de usturoi, tocati marunt

1 cană roșii proaspete sau conservate decojite, fără semințe și tocate

Un praf de ardei rosu macinat

Sare

3 căni de cannellini scurți sau conservați sau de fasole Great Northern

8 uncii ditalini sau spaghete sparte

1. Se toarnă uleiul într-o oală mare. Adăugați țelina și usturoiul. Gatiti la foc mediu, amestecand des, pana cand legumele sunt fragede si aurii, aproximativ 10 minute. Adăugați roșiile, ardeiul roșu zdrobit și sare după gust. Se fierbe până se îngroașă ușor, aproximativ 10 minute.

2. Adăugați fasolea în sosul de roșii. Aduceți amestecul la fierbere. Pisează câteva fasole cu dosul unei linguri mari.

3. Aduceți o oală mare cu apă la fiert. Se adauga sare dupa gust, apoi taiteii. Amesteca bine. Gatiti la foc mare, amestecand des, pana cand pastele sunt fragede, dar usor fierte. Scurge pastele, rezervând puțin din apa de gătit.

4. Se amestecă pastele în amestecul de fasole. Adăugați puțină apă de gătit dacă este necesar, dar amestecul trebuie să rămână foarte gros. Opriți aragazul și lăsați să stea aproximativ 10 minute înainte de servire.

Supă cremoasă de fasole

Crema Fagioli

Face 4-6 portii

Am dat peste o versiune a acestei rețete în A Tavola („La masă"), o revistă italiană de gătit. Cremoasă și netedă, această supă este un aliment reconfortant pur și reconfortant.

3 căni de cannellini scurți sau conservați sau de fasole Great Northern

Aproximativ 2 cești de casă<u>Ciorbă de carne</u>sau un amestec de jumătate bulion de vită cumpărat din magazin și jumătate apă

1/2 cană lapte

2 galbenusuri de ou

1/2 cană Parmigiano-Reggiano proaspăt ras, plus plus pentru servire

Sare și piper negru proaspăt măcinat

1. Fasolea se face piure într-un robot de bucătărie, blender sau moară.

2. Într-o cratiță medie, aduceți bulionul la fiert la foc mediu. Se amestecă piureul de fasole și se fierbe din nou.

3. Într-un castron mic, amestecați laptele și gălbenușurile de ou. Adăugați aproximativ o cană de supă în castron și amestecați până se omogenizează. Se toarnă amestecul în oală. Gatiti, amestecand, pana se fierbe foarte bine, dar nu da in clocot.

4. Se amestecă Parmigiano-Reggiano și se condimentează cu sare și piper. Se servește fierbinte cu o stropire suplimentară de brânză.

Supă friulană de orz și fasole

Zuppa di Orzo și Fagioli

Face 6 portii

Deși orzo este mai cunoscut ca paste mici în Statele Unite, în italiană este denumirea orzului, una dintre cele mai vechi boabe cultivate vreodată. Regiunea care se numește acum Friuli în Italia a făcut odată parte din Austria. Prezența orzului dezvăluie rădăcinile austriece ale acestei ciorbe.

Dacă utilizați fasole prefiartă sau conservată, înlocuiți cu 3 căni sau două cutii scurse de 16 uncii, reduceți cantitatea de apă la 4 căni și gătiți supa timp de 30 de minute numai în Pasul 2. Apoi procedați conform instrucțiunilor.

2 linguri ulei de masline

2 uncii panceta tocata fin

2 coaste de telina, tocate

2 morcovi, tocați

1 ceapa medie, tocata

1 catel de usturoi, tocat marunt

1 cană (aproximativ 8 uncii) cannellini uscate sau<u>Fasole din nordul îndepărtat</u>

1/2 cană de orz perlat, clătit și scurs

Sare și piper negru proaspăt măcinat

1. Se toarnă uleiul într-o oală mare. Adăugați pancetta. Gatiti la foc mediu, amestecand des, pana cand pancetta se rumeneste usor, aproximativ 10 minute. Adăugați țelina, morcovii, ceapa și usturoiul. Gatiti, amestecand des, pana cand legumele devin maro auriu, aproximativ 10 minute.

2. Adăugați fasolea și 8 căni de apă. Se aduce la fierbere. Acoperiți și gătiți la foc mic timp de 1 1/2 până la 2 ore sau până când fasolea este foarte fragedă.

3. Pisează câteva fasole cu dosul unei linguri mari. Adăugați orz, sare și piper după gust. Coaceți timp de 30 de minute sau până când orzul este fraged. Amestecați frecvent supa pentru a preveni lipirea orzului de fundul oalei. Adăugați apă dacă supa este prea groasă. Se servește fierbinte sau călduță.

Supă de fasole și ciuperci

Minestra di Fagioli și Funghi

Face 8 portii

O zi rece de toamnă în Toscana mi-a dat poftă de o supă copioasă și m-a condus la o masă simplă, dar memorabilă. La Il Prato, un restaurant din Pienza, chelnerul a anunțat că bucătăria a pregătit în acea zi o supă specială de fasole. Supa era delicioasă și avea o aromă pământească și afumată, despre care am aflat mai târziu că provine din adăugarea de ciuperci porcini uscate. După ciorbă am comandat excelenta brânză Pecorino pentru care Pienza este renumită.

1/2 uncie ciuperci porcini uscate

1 cană apă călduță

2 morcovi medii, tocați

1 coastă de țelină, tocată

1 ceapa medie, tocata

1 cană roșii proaspete sau conservate decojite, fără semințe și tocate

1/4 cană pătrunjel proaspăt cu frunze plate tocat

6 cești de casă<u>Ciorbă de carne</u>Sau<u>supa de pui</u>sau un amestec de jumătate bulion cumpărat din magazin și jumătate apă

3 căni de cannellini scurți sau conservați sau de fasole Great Northern

1/2 cană de orez cu bob mediu, de ex. B. Arborio

Sare si piper negru proaspat macinat dupa gust

1. Înmuiați ciupercile în apă timp de 30 de minute. Scoateți ciupercile și colectați lichidul. Clătiți ciupercile sub jet de apă rece pentru a îndepărta orice murdărie. Acordați o atenție deosebită tulpinilor unde se acumulează solul. Tocați grosier ciupercile. Se strecoară lichidul din ciuperci printr-un filtru de cafea de hârtie într-un bol și se pune deoparte.

2. Într-o oală mare, combinați ciupercile și lichidul lor, morcovii, țelina, ceapa, roșiile, pătrunjelul și supa. Se aduce la fierbere.

Gatiti pana cand legumele sunt fragede, aproximativ 20 de minute.

3.Adauga fasolea si orezul si asezoneaza cu sare si piper. Gatiti pana orezul este fraged, 20 de minute, amestecand din cand in cand. Se serveşte fierbinte sau călduţă.

Paste și fasole milaneză

Paste milaneze și fagioli

Face 8 portii

În mod obișnuit, pentru această supă se folosesc resturile de paste proaspete numite maltagliati („prost tăiate") sau puteți folosi fettuccine proaspăt tăiat în bucăți mici.

2 linguri de unt nesarat

2 linguri ulei de masline

6 frunze proaspete de salvie

1 lingura rozmarin proaspat tocat

4 morcovi, tocați

4 coaste de telina, tocate

3 cartofi cu fierbere medie, tocați

2 cepe, tocate

4 roșii, curățate, fără semințe și mărunțite sau 2 căni de roșii tocate la conserva

1 kilogram (aproximativ 2 căni) de merișoare uscate sau fasole cannellini (vezi<u>Fasole lată</u>) sau 4 cutii de 16 uncii

Aproximativ 8 cești de casă<u>Ciorbă de carne</u>sau un amestec de jumătate de supă de vită sau de legume cumpărată din magazin și jumătate de apă

Sare și piper negru proaspăt măcinat

8 uncii maltagliati proaspete sau fettuccine proaspete, tăiate în bucăți de 1 inch

Ulei de măsline extra virgin

1. Într-o oală mare, topim untul cu uleiul la foc mediu. Se amestecă cu salvie și rozmarin. Adauga morcovi, telina, cartofi si ceapa. Gatiti, amestecand des, pana se inmoaie, aproximativ 10 minute.

2. Se amestecă roșiile și fasolea. Se condimentează cu bulion și sare și piper. Aduceți amestecul la fierbere. Gatiti la foc mic

pana cand toate ingredientele sunt foarte fragede, aproximativ 1 ora.

3.Scoateți jumătate din supă din oală și treceți-o printr-o moară alimentară sau treceți-o în piure într-un blender. Întoarceți piureul în oală. Se amestecă bine și se adaugă tăițeii. Aduceți supa la fiert și apoi opriți aragazul.

4.Lăsați supa să se răcească puțin înainte de servire. Se serveste fierbinte cu un strop de ulei de masline extravirgin si o macinata generoasa de piper.

Supă de linte și fenicul

Zuppa di Lenticchie și Finocchio

Face 8 portii

Lintea este una dintre cele mai vechi leguminoase. Pot fi maro, verde, roșu sau negru, dar în Italia cea mai bună linte este lintea verde mică de la Castelluccio din Umbria. Spre deosebire de fasole, lintea nu trebuie să fie înmuiată înainte de a fi gătită.

Păstrează penele de fenicul pentru a orna supa.

1 kg de linte maro sau verde, culese și clătită

2 cepe medii, tocate

2 morcovi, tocați

1 cartof cu fierbere medie, decojit și tocat

1 cană fenicul tocat

1 cana rosii proaspete sau conservate, tocate

1/4 cană ulei de măsline

Sare și piper negru proaspăt măcinat

1 cană tubetti, ditalini sau crustacee mici

Frunze proaspete de fenicul, optional

Ulei de măsline extra virgin

1. Într-o oală mare, combinați lintea, ceapa, morcovii, cartofii și feniculul. Adăugați apă rece pentru a acoperi cu 1 inch. Aduceți lichidul la fiert și fierbeți la foc mic timp de 30 de minute.

2. Se amestecă roșiile și uleiul de măsline. Asezonați cu sare și piper. Gatiti pana lintea se inmoaie, aproximativ 20 de minute mai mult. Adăugați puțină apă dacă este necesar, astfel încât lintea să fie doar acoperită cu lichid.

3. Se amestecă pastele și se fierbe încă 15 minute până când pastele sunt fragede. Gustați și ajustați condimentele. Ornați cu frunze de fenicul tocate, dacă folosiți. Se serveste fierbinte sau cald cu un strop de ulei de masline extravirgin.

Supă de spanac, linte și orez

Minestra di Lenticchie e Spinaci

Face 8 portii

Daca se adauga mai putina apa si se omite orezul, aceasta supa devine o garnitura servita cu file de peste la gratar sau carne de porc. În loc de spanac se pot folosi și escarola, varza, varza, matula sau alte legume cu frunze.

1 kg de linte, culese și clătită

6 căni de apă

3 catei mari de usturoi, tocati

1/4 cană ulei de măsline extravirgin

8 uncii de spanac, cu tulpină și rupte în bucăți mici

Sare și piper negru proaspăt măcinat

1 cană de orez fiert

1. Într-o oală mare, combinați lintea, apa, usturoiul și uleiul. Se aduce la fierbere și se fierbe la foc mic timp de 40 de minute.

Dacă este necesar, adăugați puțină apă pentru a acoperi doar lintea.

2.Se amestecă spanacul și sare și piper după gust. Gatiti pana lintea se inmoaie, inca 10 minute.

3.Se adauga orezul si se fierbe pana se fierbe. Se serveste fierbinte cu un strop de ulei de masline extravirgin.

Supă de linte și legume verzi

Minestra di Lenticchie și Verdura

Face 6 portii

Înainte de a găti, uită-te la linte pentru a îndepărta orice pietre mici sau reziduuri. Pentru o supă mai consistentă, adăugați o cană sau două de ditalini fierte sau spaghete mărunțite.

1/4 cană ulei de măsline

1 ceapa medie, tocata

1 coastă de țelină, tocată

1 morcov mediu, tocat

2 catei de usturoi, tocati marunt

1/2 cană conserve de roșii prune tocate

8 uncii de linte (aproximativ 1 cană), culese și clătită

Sare și piper negru proaspăt măcinat

1 kilogram de scarola, spanac sau alte verdeață cu frunze, tăiate și tăiate în bucăți mici

1/2 cană Pecorino Romano sau Parmigiano-Reggiano proaspăt ras

1. Se toarnă uleiul într-o oală mare. Adăugați ceapa, țelina, morcovul și usturoiul și gătiți la foc mediu timp de 10 minute, până când legumele sunt fragede și aurii. Se amestecă roșiile și se fierbe încă 5 minute.

2. Adăugați linte, sare și piper și 4 căni de apă. Aduceți supa la fiert și gătiți timp de 45 de minute sau până când lintea este fragedă.

3. Se amestecă verdeața. Acoperiți și gătiți timp de 10 minute sau până când verdeața este fragedă. Gust pentru condimente.

4. Se amestecă brânza chiar înainte de servire. Se serveste fierbinte.

Supă de linte piure cu crutoane

Piure de Lenticchie

Face 6-8 portii

Felii crocante de pâine ornează acest piure cremos de linte umbriană. Pentru un plus de savoare, frecați crutoanele cu un cățel de usturoi crud cât sunt încă calde.

1 kg de linte, culese și clătită

1 coastă de țelină, tocată

1 morcov, tocat

1 ceapa mare, tocata

1 cartof mare fiert, tocat

2 linguri pasta de rosii

Sare și piper negru proaspăt măcinat

2 linguri ulei de măsline extravirgin, plus mai mult pentru servire

8 felii de pâine italiană sau franceză

1. Puneți lintea, legumele și pasta de roșii într-o oală mare. Adăugați apă rece pentru a acoperi cu 2 inci. Se aduce la fierbere. Coaceți timp de 20 de minute. Adăugați sare după gust și mai multă apă dacă este necesar pentru a menține ingredientele acoperite. Gatiti inca 20 de minute sau pana cand lintea este foarte frageda.

2. Scurgeți conținutul tigaii și rezervați lichidul. Puneți lintea și legumele într-un robot de bucătărie sau un blender și, dacă este necesar, faceți piure în reprize până la omogenizare. Adăugați lintea înapoi în tigaie. Asezonați cu sare și piper. Se încălzește ușor, adăugând puțin lichid de gătit dacă este necesar.

3. Într-o tigaie mare, încălziți 2 linguri de ulei de măsline la foc mediu-mare. Adăugați pâinea într-un singur strat. Gătiți până când fundul este prăjit și auriu, 3 până la 4 minute. Întoarceți bucățile de pâine și rumeniți încă 3 minute.

4. Luați supa de pe foc. Se toarnă în boluri. Acoperiți fiecare castron cu o felie de pâine prăjită. Se serveste fierbinte cu un strop de ulei de masline

Supă de năut din Puglia

Minestra di Ceci

Face 6 portii

În Puglia, această supă groasă este făcută din fâșii scurte de paste proaspete numite lagane. Se pot înlocui fettuccine proaspete tăiate în fâșii de 3 inci, la fel ca și forme mici de paste uscate sau spaghete sparte. În loc de bulion, anșoa este folosită pentru a aroma această supă, apă servind ca lichid de gătit. Ansoa se amestecă în ciorbă și îi conferă discret mult caracter.

1/3 cană ulei de măsline

3 catei de usturoi, usor macinati

2 crengute de 2 inchi de rozmarin proaspăt

4 fileuri de hamsii, tocate

3 1/2 căni de năut fiert sau 2 conserve de 16 uncii, scurs și rezervând lichid

4 uncii fettuccine proaspăt, tăiate în lungimi de 3 inci

Piper negru proaspăt măcinat

1. Se toarnă uleiul într-o oală mare. Adăugați usturoiul și rozmarinul și gătiți la foc mediu, apăsând cățeii de usturoi cu dosul unei linguri mari, până când usturoiul devine maro auriu (aproximativ 2 minute). Scoateți și aruncați usturoiul și rozmarinul. Adăugați fileurile de hamsii și gătiți, amestecând, până când hamsiile s-au dizolvat, aproximativ 3 minute.

2. Adăugați năutul în tigaie și amestecați bine. Se zdrobește aproximativ jumătate din năut cu dosul unei linguri sau al unui zdrobitor de cartofi. Adăugați suficientă apă sau lichid de gătit pentru năut pentru a acoperi năut. Aduceți lichidul la fierbere.

3. Se amestecă tăiței. Asezonați cu un praf generos de piper negru. Gatiti pana cand pastele sunt fragede, dar ferme la muscatura. Se ia de pe foc si se lasa sa stea 5 minute. Se serveste fierbinte cu un strop de ulei de masline extravirgin.

Supă cu tăiței de năut

Minestra di Ceci

Face 6-8 portii

În regiunea Marche din centrul Italiei, această supă este uneori făcută cu quadrucci, pătrate mici de tăiței cu ou proaspăt. Pentru a face Quadrucci, tăiați fettuccine proaspăt în bucăți scurte pentru a crea pătrate mici. Rugați fiecare persoană să-și stropească supa cu puțin ulei de măsline extravirgin.

Dintre toate leguminoasele, năutul mi se pare cel mai greu de gătit. Uneori, durează mult mai mult decât am crezut să se frageze. Este o idee bună să faceți această supă până la pasul 2 în avans, apoi să reîncălziți și să serviți gata de servire, astfel încât năutul să aibă suficient timp să devină fraged.

1 kilogram de năut uscat, înmuiat peste noapte (vezi<u>Fasole lată</u>)

1/4 cană ulei de măsline

1 ceapa medie, tocata

2 coaste de telina, tocate

2 cani de rosii conservate, tocate

Sare

8 uncii Ditalini sau mici coturi sau scoici

Piper negru proaspăt măcinat

Ulei de măsline extra virgin

1. Se toarnă uleiul într-o oală mare. Adăugați ceapa și țelina și gătiți la foc mediu, amestecând des, până când legumele sunt fragede și aurii, 10 minute. Adăugați roșiile și aduceți la fierbere. Gatiti inca 10 minute.

2. Scurgeți năutul și adăugați-l în tigaie. Adăugați 1 linguriță de sare și apă rece până când aluatul este acoperit cu 1 inch. Se aduce la fierbere. Gatiti 1 1/2 până la 2 ore sau până când năutul este foarte fraged. Adăugați apă dacă este necesar pentru a menține năutul acoperit.

3. Cu aproximativ 20 de minute înainte ca năutul să se termine de gătit, aduceți o oală mare cu apă la fiert. Se adauga sarea si apoi pastele. Gatiti pana cand taiteii sunt fragezi. Se scurge si

se adauga in supa. Asezonați cu sare și piper. Se serveste fierbinte cu un strop de ulei de masline extravirgin.

Supă ligurică cu năut și ciuperci porcini

Paste and ceci con porcini

Face 4 portii

Aceasta este versiunea mea a unei supe din Liguria. Unii bucătari renunță la smog, alții folosesc cardouri în ingrediente.

1/2 uncie ciuperci porcini uscate

1 cană apă călduță

1/4 cană ulei de măsline

2 uncii pancetta, tocata

1 ceapa medie, tocata marunt

1 morcov mediu, tocat mărunt

1 coastă medie de țelină, tocată mărunt

1 catel de usturoi, tocat marunt

3 căni de năut fiert, uscat sau scurs

8 uncii smog elvețian, tăiat în cruce în fâșii înguste

1 cartof cu fierbere medie, decojit și tocat

1 cană roșii proaspete sau conservate decojite, fără semințe și tocate

Sare și piper negru proaspăt măcinat

1 cană ditalini, tubetti sau alte paste mici

1.Înmuiați ciupercile în apă timp de 30 de minute. Scoateți-le și rezervați lichidul. Clătiți ciupercile sub jet de apă rece pentru a îndepărta orice pietre. Tăiați-le grosier. Se strecoară lichidul printr-un filtru de cafea de hârtie într-un bol.

2.Se toarnă uleiul într-o oală mare. Adăugați pancetta, ceapa, morcovul, țelina și usturoiul. Gatiti la foc mediu, amestecand des, pana ce ceapa si alte arome sunt maronii, aproximativ 10 minute.

3.Se amestecă cu lichidul năutul, magul, cartofii, roșiile și ciupercile. Adăugați apă până când ingredientele sunt doar acoperite și asezonați cu sare și piper. Aduceți la fiert și gătiți până când legumele sunt fragede și supa se îngroașă, aproximativ 1 oră. Dacă supa devine prea groasă, adăugați apă.

4.Se amestecă pastele și alte 2 căni de apă. Gatiti, amestecand des, timp de aproximativ 15 minute sau pana cand taiteii sunt fragezi. Se lasă să se răcească puțin înainte de servire.

SUPA DE LEGUME

Pâine toscană și supă de legume

Ribollita

Face 8 portii

Într-o vară în Toscana, mi s-a servit această supă peste tot, uneori de două ori pe zi. Nu mă pot sătura pentru că fiecare bucătar își folosește propria combinație de ingrediente și este întotdeauna bun. Sunt într-adevăr două rețete într-una. Prima este o supă de legume amestecată. A doua zi, resturile se încălzesc din nou și se amestecă cu pâinea din ziua precedentă. Reîncălzirea dă supei numele italian, care înseamnă „regătit". Acest lucru se întâmplă de obicei dimineața și supa este lăsată să stea până la ora prânzului. Ribollita se servește de obicei caldă sau la temperatura camerei, fără să fiarbă niciodată.

Asigurați-vă că utilizați pâine italiană sau de țară moale de bună calitate pentru a obține consistența potrivită.

4 cești de casă<u>supa de pui</u>Sau<u>Ciorbă de carne</u>sau un amestec de jumătate bulion cumpărat din magazin și jumătate apă

1/4 cană ulei de măsline

2 coaste fragede de telina, tocate

2 morcovi medii, tocați

2 catei de usturoi, tocati marunt

1 ceapa rosie mica, tocata

1/4 cană pătrunjel proaspăt cu frunze plate tocat

1 lingura de salvie proaspata tocata

1 lingura rozmarin proaspat tocat

1 1/2 kilograme de roșii proaspete decojite, fără semințe și mărunțite sau 1 1/2 cană de roșii prune decojite din conserva cu suc, tocate

3 cani de fasole cannellini fierte, uscate sau conservate, scurse

2 cartofi cu fierbere medie, decojiti si taiati cubulete

2 dovlecei medii, tocați

1 kilogram de varză sau varză, feliate subțiri (aproximativ 4 căni)

8 uncii de fasole verde, tăiată și tăiată în bucăți mici

Sare si piper proaspat macinat dupa gust

Aproximativ 8 uncii de pâine italiană veche de o zi, feliată subțire

Ulei de măsline extra virgin

felii foarte subtiri de ceapa rosie (optional)

1. Pregătiți bulion dacă este necesar. Apoi, turnați uleiul de măsline într-o oală mare. Adăugați țelina, morcovii, usturoiul, ceapa și ierburile. Gătiți, amestecând des, la foc mediu până când țelina și alte arome sunt fragede și aurii, aproximativ 20 de minute. Adăugați roșiile și gătiți timp de 10 minute.

2. Se amestecă fasolea, restul de legume, sare și piper după gust. Adăugați bulion și apă până se acoperă. Se aduce la fierbere. Gatiti usor la foc foarte mic pana cand legumele sunt fragede, aproximativ 2 ore. Se lasa sa se raceasca putin. Dacă nu îl folosiți imediat, îl puteți păstra la frigider peste noapte sau până la 2 zile.

3. Pentru a servi, puneți aproximativ 4 căni de supă într-un blender sau robot de bucătărie. Ciorba se face piure si se toarna intr-o oala cu supa ramasa. Încălzește-te cu atenție.

4. Alegeți un pahar sau o oală suficient de mare pentru a ține pâinea și supa. Puneți un strat de felii de pâine pe fund. Se toarnă suficientă supă pentru a acoperi complet pâinea. Repetați stratificarea până când se epuizează toată supa și pâinea este umedă. Lăsați să se odihnească cel puțin 20 de minute. Trebuie să fie foarte gros.

5. Amestecați supa pentru a slăbi pâinea. Stropiți cu ulei de măsline extravirgin și stropiți cu ceapă roșie. Se serveste cald sau la temperatura camerei.

Supă de dovlecei de iarnă

Zuppa di Zucca

Face 4 portii

La piața de fructe și legume Fruttivendolo, bucătarii italieni pot cumpăra dovleci mari și alți dovlecei de iarnă pentru a face această supă delicioasă. De obicei folosesc dovleac butternut sau ghinda. Ardeiul roșu zdrobit numit peperoncino adaugă un picant neașteptat.

4 cești de casă<u>supa de pui</u>sau un amestec de jumătate bulion cumpărat din magazin și jumătate apă

2 kilograme de dovlecei de iarnă, cum ar fi dovleceii sau ghinda

1/2 cană ulei de măsline

2 catei de usturoi, tocati marunt

Un praf de ardei rosu macinat

Sare

1/4 cană pătrunjel proaspăt cu frunze plate tocat

1. Pregătiți bulion dacă este necesar. Apoi curățați dovleacul și îndepărtați semințele. Tăiați în bucăți de 1 inch.

2. Se toarnă uleiul într-o oală mare. Adăugați usturoiul și ardeiul roșu măcinat. Gatiti la foc mediu, amestecand des, pana cand usturoiul se rumeneste usor, aproximativ 2 minute. Adăugați dovleacul și sare după gust.

3. Adăugați bulionul și aduceți la fiert. Acoperiți și gătiți timp de 35 de minute sau până când dovleceii sunt foarte fragezi.

4. Folosind o lingura cu fanta, transferati dovleceii intr-un robot de bucatarie sau blender si pasati pana se omogenizeaza. Reveniți piureul în oala cu bulionul. Aduceți supa înapoi la fiert și gătiți timp de 5 minute. Dacă supa este prea groasă, adăugați puțină apă.

5. Adăugați sare după gust. Se amestecă pătrunjelul. Se serveste fierbinte.

Supă cu apă fiartă

Aquacotta

Face 6 portii

Tot ce ai nevoie sunt câteva legume, ouă și resturi de pâine pentru a face această delicioasă supă toscană, pe care italienii o numesc în glumă „apă fiartă". Folosiți orice ciuperci disponibile.

1/4 cană ulei de măsline

2 coaste de telina, feliate subtiri

2 catei de usturoi, tocati

1 kg de ciuperci asortate, cum ar fi ciuperci ciuperci, ciuperci shiitake și cremini, curățate și tăiate felii

1 kilogram de roșii prune proaspete, curățate, fără semințe și mărunțite sau 2 căni de roșii conservate

Un praf de ardei rosu macinat

6 ouă

6 felii de pâine italiană sau franceză, prăjite

4 până la 6 linguri de brânză Pecorino proaspăt rasă

1. Se toarnă uleiul într-o cratiță medie. Adăugați țelina și usturoiul. Gatiti la foc mediu, amestecand des, pana se inmoaie, aproximativ 5 minute.

2. Adăugați ciupercile și gătiți, amestecând din când în când, până se evaporă sucul de ciuperci. Adăugați roșiile și ardeiul roșu zdrobit și gătiți timp de 20 de minute.

3. Adăugați 4 căni de apă și sare după gust. Se aduce la fierbere. Coaceți încă 20 de minute.

4. Chiar înainte de servire, spargeți unul dintre ouă într-o ceașcă. Glisați ușor oul în supa fierbinte. Repetați cu ouăle rămase. Acoperiți și gătiți la foc foarte mic timp de 3 minute sau până când ouăle sunt fierte după gust.

5. Pune o felie de pâine prăjită în fiecare bol de servire. Deasupra se toarnă cu grijă un ou și deasupra se pune supa fierbinte. Se presară cu brânză și se servește imediat.

Supă pesto de dovlecei

Zuppa de dovlecel cu pesto

Face 4-6 portii

Mirosul de pesto atunci când este amestecat în supa fierbinte este irezistibil.

2 cești de casă<u>supa de pui</u>sau un amestec de jumătate bulion cumpărat din magazin și jumătate apă

3 linguri ulei de masline

2 cepe medii, tocate

4 dovlecei mici (aprox. 5 kg), spalati si tocati

3 cartofi cu fierbere medie, decojiti si tocati

Sare si piper negru proaspat macinat dupa gust

1 cană spaghete sparte

Pesto

2 până la 3 căței mari de usuroi

½ cană busuioc proaspăt

¼ cană de pătrunjel italian proaspăt cu frunze plate

½ cană Parmigiano-Reggiano ras, plus plus pentru stropire

2 până la 3 linguri ulei de măsline extravirgin

Sare și piper negru proaspăt măcinat

1. Pregătiți bulion dacă este necesar. Apoi, turnați uleiul într-o oală de dimensiune medie. Adăugați ceapa. Gatiti la foc mediu, amestecand des, pana ce ceapa devine moale si aurie, aproximativ 10 minute. Adăugați dovleceii și cartofii și gătiți, amestecând din când în când, timp de 10 minute. Adăugați bulion de pui și 4 căni de apă. Aduceți lichidul la fierbere și gătiți timp de 30 de minute. Asezonați cu sare și piper.

2. Se amestecă tăiței. Se fierbe încă 15 minute.

3. Pregătiți pesto: tăiați usturoiul, busuiocul și pătrunjelul foarte fin într-un robot de bucătărie. Adăugați brânza și stropiți treptat cu ulei de măsline până se formează o pastă groasă. Asezonați cu sare și piper.

4. Pune pesto într-un castron mediu; Folosind un tel, pliați aproximativ 1 cană de supă fierbinte în pesto. Amestecați amestecul în oala cu supa rămasă. Se lasa sa stea 5 minute. Gustați și ajustați condimentele. Serviți cu brânză suplimentară.

Supă de praz, roșii și pâine

Tata Pomodoro

Face 4 portii

Toscanii mănâncă multă supă și o fac multă cu pâine în loc de paste sau orez. Acesta este un soi popular la începutul toamnei, când roșiile coapte și prazul proaspăt sunt din belșug. Are gust bun si iarna, preparat cu rosii conservate.

6 cești de casă<u>supa de pui</u>sau un amestec de jumătate bulion cumpărat din magazin și jumătate apă

3 linguri ulei de măsline, plus suplimentar pentru stropire

2 praz de marime medie

3 catei mari de usturoi

Un praf de ardei rosu macinat

2 căni de roșii proaspete sau conservate decojite, fără semințe și tocate

Sare

1/2 pâine italiană din cereale integrale vechi de o zi, tăiată în cuburi de 1 inch (aproximativ 4 căni)

1/2 cană busuioc proaspăt rupt

Ulei de măsline extra virgin

1. Pregătiți bulion dacă este necesar. Apoi, tăiați rădăcinile și partea verde închis a prazului. Tăiați prazul în jumătate pe lungime și clătiți bine sub jet de apă rece. Tăiați bine.

2. Se toarnă uleiul într-o oală mare. Adăugați prazul și gătiți la foc mediu, amestecând des, până se înmoaie, aproximativ 5 minute. Se amestecă usturoiul și ardeiul roșu zdrobit.

3. Adăugați roșiile și bulionul și aduceți la fiert. Gatiti 15 minute, amestecand din cand in cand. Adăugați sare după gust.

4. Se amestecă pâinea în supă și se gătește timp de 20 de minute, amestecând din când în când. Supa trebuie să fie groasă. Adăugați mai multă pâine dacă este necesar.

5. Scoateți de pe foc. Se amestecă busuiocul și se lasă să se odihnească 10 minute. Se serveste fierbinte cu un strop de ulei de masline extravirgin.

Supă de dovlecel și roșii

Zuppa făcută din dovlecei și pomodori

Face 6 portii

Deși dovleceii mici au cea mai bună aromă, legumele mai mari funcționează bine și în această supă, deoarece gustul lor apos și lipsit de gust nu este vizibil cu toate celelalte ingrediente aromate.

5 cești de casă<u>supa de pui</u>sau un amestec de jumătate bulion cumpărat din magazin și jumătate apă

3 linguri ulei de masline

1 ceapa medie, tocata marunt

1 cățel de usturoi, tocat

1 lingurita rozmarin proaspat tocat

1 lingurita de salvie proaspata tocata

1/2 cani de rosii decojite, fara samburi si tocate

1/2 kilogram de dovlecel, tocat

Sare și piper negru proaspăt măcinat

3 căni cuburi de pâine italiană sau franceză din ziua precedentă

Parmigiano-Reggiano proaspăt ras

1.Pregătiți bulion dacă este necesar. Apoi, turnați uleiul într-o oală mare. Adăugați ceapa, usturoiul, rozmarinul și salvie. Gatiti la foc mediu, amestecand des, pana ce ceapa devine maro aurie, aproximativ 10 minute.

2.Adăugați roșiile și amestecați bine. Adăugați bulionul și aduceți la fiert. Se amestecă dovlecelul și se fierbe până se înmoaie, 30 de minute. Asezonați cu sare și piper.

3.Se amestecă cuburile de pâine. Coaceți până când pâinea este moale, aproximativ 10 minute. Lăsați să stea 10 minute înainte de servire. Serviți cu Parmigiano-Reggiano ras.

Supă de dovlecel și cartofi

Minestra di dovlecel și cartofi

Face 4 portii

Această supă este tipică pentru ceea ce se servește în casele din sudul Italiei vara. Simțiți-vă liber să înlocuiți dovleceii cu o altă legumă, cum ar fi fasole verde, roșii sau spanacul, iar pătrunjelul cu busuioc sau mentă, așa cum ar face un bucătar italian.

6 cești de casă<u>supa de pui</u>sau un amestec de jumătate bulion cumpărat din magazin și jumătate apă

2 linguri ulei de masline

1 ceapa medie, tocata marunt

1 kilogram de cartofi care fierb (aproximativ 3 medii), decojiti si tocati

1 kilogram de dovlecel (aproximativ 4 mici), spălați și tocați

Sare și piper negru proaspăt măcinat

2 linguri patrunjel cu frunze plate tocat

Parmigiano-Reggiano sau Pecorino Romano proaspăt ras

1. Pregătiți bulion dacă este necesar. Apoi, turnați uleiul într-o oală de dimensiune medie. Adăugați ceapa și gătiți, amestecând des, la foc mediu până când se înmoaie și devine maro auriu, aproximativ 10 minute.

2. Amestecați cartofii și dovleceii. Se condimentează cu bulion și sare și piper. Aduceți la fiert și gătiți până când legumele sunt fragede, aproximativ 30 de minute.

3. Asezonați cu sare și piper. Se amestecă pătrunjelul. Serviți cu brânză rasă.

Supă cremoasă de fenicul

Zuppa di Finocchio

Face 6 portii

Cartofii și feniculul au o afinitate unul pentru celălalt. Serveste aceasta supa garnisita cu frunze de fenicul tocate si un strop de ulei de masline extravirgin.

6 cești de casăsupa de puisau un amestec de jumătate bulion cumpărat din magazin și jumătate apă

2 praz mari, curatati

3 bulbi medii de fenicul (aproximativ 2 1/2 livre)

2 linguri de unt nesarat

1 lingura ulei de masline

5 cartofi care fierb, curatati de coaja si feliati

Sare și piper negru proaspăt măcinat

Ulei de măsline extra virgin

1. Pregătiți bulion dacă este necesar. Taiati apoi prazul in jumatate pe lungime si clateste bine pentru a indeparta eventualele urme de nisip dintre straturi. Tocați grosier.

2. Tăiați tulpinile de fenicul până la bulb și păstrați câteva dintre frunzele verzi ca pene pentru decor. Tăiați baza și orice zone întunecate. Tăiați ceapa în felii subțiri.

3. Într-o oală mare, topim untul cu uleiul la foc mediu. Adăugați prazul și gătiți până se înmoaie, aproximativ 10 minute. Se adauga fenicul, cartofii, bulionul, sare si piper dupa gust. Aduceți la fiert și gătiți până când legumele sunt foarte fragede, aproximativ 1 oră.

4. Folosind o lingura cu fanta, transferati legumele intr-un robot de bucatarie sau blender. Procesați sau amestecați până la omogenizare.

5. Întoarceți legumele în oală și încălziți ușor. Se toarnă în boluri cu supă, se stropește cu verdeață de fenicul rezervată și se stropește cu ulei de măsline. Se serveste fierbinte.

Supă de ciuperci și cartofi

Minestra di Funghi și cartofi

Face 6 portii

Iată o altă supă din Friuli-Venezia Giulia, o regiune cunoscută pentru ciupercile sale excelente. Acolo ar fi folosite ciuperci porcini proaspete, dar din moment ce acestea sunt greu de găsit, folosesc în schimb o combinație de ciuperci sălbatice și cultivate. Cartofii și orzul se adaugă ca agenți de îngroșare.

8 cești de casă<u>Ciorbă de carne</u>sau un amestec de jumătate bulion cumpărat din magazin și jumătate apă

2 linguri ulei de masline

2 uncii pancetta feliată, tocată mărunt

1 ceapa medie, tocata marunt

2 coaste de telina, tocate marunt

1 kilogram de ciuperci asortate, de ex. B. ciuperci albe, cremini si portabello

4 linguri de pătrunjel proaspăt cu frunze plate tocat

2 catei de usturoi, tocati marunt

3 cartofi cu fierbere medie, decojiti si tocati

Sare și piper negru proaspăt măcinat

1/2 cană de orz perlat

1. Pregătiți bulion dacă este necesar. Se toarnă uleiul într-o oală mare. Adăugați pancetta. Gatiti la foc mediu, amestecand des, pana se rumenesc, aproximativ 10 minute. Adăugați ceapa și țelina și gătiți, amestecând din când în când, până se înmoaie, aproximativ 5 minute.

2. Se adauga ciupercile, 2 linguri patrunjel si usturoiul. Gatiti, amestecand des, pana ce sucul de ciuperci se evapora, aproximativ 10 minute.

3. Adăugați cartofi, sare și piper. Adăugați bulionul și aduceți la fiert. Adăugați orzul și gătiți, descoperit, la foc mic timp de 1 oră, până când orzul este fraged și supa se îngroașă.

4. Se presară cu pătrunjelul rămas și se servește fierbinte.

Supă cremoasă de conopidă

Vellutata de Cavolfiore

Face 6 portii

O supă elegantă de servit la începutul unei cine speciale. Dacă aveți ulei de trufe sau pastă de trufe, adăugați puțin în supă chiar înainte de servire și omiteți brânza.

1 conopidă medie, curățată și tăiată în buchețe de 1 inch

Sare

3 linguri de unt nesarat

1/4 cană făină universală

Aproximativ 2 căni de lapte

Nucșoară proaspăt rasă

1/2 cană smântână

1/4 cană Parmigiano-Reggiano proaspăt ras

1. Aduceți o oală mare cu apă la fiert. Adăugați conopida și sare după gust. Gatiti pana conopida este foarte frageda, aproximativ 10 minute. Scurgeți bine.

2. Într-o cratiță medie, topește untul la foc mediu. Adăugați făina și amestecați bine timp de 2 minute. Se amestecă foarte încet 2 căni de lapte și se condimentează cu sare. Aduceți la fierbere și gătiți, amestecând constant, până se îngroașă și omogenizează, 1 minut. Scoateți de pe foc. Se amestecă nucșoară și smântână.

3. Pune conopida într-un robot de bucătărie sau blender. Faceți piure și mai adăugați puțin sos dacă este necesar pentru ca piureul să fie omogen. Adăugați piureul în tigaie cu sosul rămas. Amesteca bine. Se încălzește ușor, adăugând mai mult lapte dacă este necesar pentru a face o supă groasă.

4. Scoateți de pe foc. Gustați și ajustați condimentele. Se amestecă brânza și se servește.

Supă siciliană de roșii și orz

Minestra d'Orzo alla Siciliana

Face 4-6 portii

În loc să râdă brânza, sicilienii servesc adesea supa cu brânză tăiată în bucăți mici. Nu se topește niciodată în supă și poți gusta niște brânză la fiecare mușcătură.

8 cești de casă<u>supa de pui</u>Sau<u>Ciorbă de carne</u>sau un amestec de jumătate bulion cumpărat din magazin și jumătate apă

8 uncii de orz perlat, ridicat și clătit

2 roșii medii, curățate, fără semințe și tocate, sau 1 cană de roșii tăiate la conserva

1 coastă de țelină, tocată mărunt

1 ceapa medie, tocata marunt

Sare și piper negru proaspăt măcinat

1 cană Pecorino Romano, tăiat cubulețe

1. Pregătiți bulion dacă este necesar. Într-o oală mare, amestecați bulionul, orzul și legumele și aduceți la fierbere. Gătiți până când orzul este fraged, aproximativ 1 oră. Dacă supa devine prea groasă, adăugați apă.

2. Asezonați cu sare și piper. Împărțiți supa în boluri și presărați brânză peste ea.

Supă de ardei roșu

Zuppa de la Peperoni Rossi

Face 6 portii

Culoarea roșu-portocalie strălucitoare a acestei supe este o referință atractivă și potrivită pentru gustul ei răcoritor și delicios. Este inspirată de o supă pe care am încercat-o la Il Cibreo, o trattorie populară din Florența. Îmi place să-l servesc cu focaccia caldă.

6 cești de casă<u>supa de pui</u>sau un amestec de jumătate bulion cumpărat din magazin și jumătate apă

2 linguri ulei de masline

1 ceapa medie, tocata

1 coastă de țelină, tocată

1 morcov, tocat

5 ardei rosii mari, fara samburi si tocati

5 cartofi cu fierbere medie, decojiti si tocati

2 rosii, fara samburi si tocate

Sare și piper negru proaspăt măcinat

1 cană lapte

Parmigiano-Reggiano proaspăt ras

1. Pregătiți bulion dacă este necesar. Apoi, turnați uleiul într-o oală mare. Adăugați ceapa, țelina și morcovul. Gatiti la foc mediu, amestecand des, pana cand legumele sunt fragede si aurii, aproximativ 10 minute.

2. Se adauga ardeii, cartofii si rosiile si se amesteca bine. Adăugați bulionul și aduceți la fiert. Reduceți căldura și gătiți timp de 30 de minute sau până când legumele sunt foarte fragede.

3. Folosind o lingura cu fanta, transferati legumele intr-un robot de bucatarie sau blender. Se face piure până se formează un amestec omogen.

4. Turnați piureul de legume în oală. Se încălzește puțin supa și se amestecă laptele. Nu lăsați supa să fiarbă. Asezonați cu sare și piper. Se serveste fierbinte, stropite cu branza.

Fontina, paine si supa de varza

Zuppa alla Valpelline

Face 6 portii

Una dintre cele mai frumoase amintiri ale mele despre Valea Aosta este brânza aromată Fontina din regiune și pâinea integrală delicioasă. Brânza este făcută din lapte de vacă și maturată în peșteri de munte. Căutați o brânză cu coajă naturală și silueta unui munte sculptat în vârf pentru a fi sigur că obțineți adevărata Fontina. Utilizați o pâine drăguță și pufoasă pentru această supă copioasă. Varza încrețită are un gust mai blând decât soiul cu frunze netede.

8 cești de casă<u>Ciorbă de carne</u>sau un amestec de jumătate bulion de vită cumpărat din magazin și jumătate apă

2 linguri de unt nesarat

1 varză mică, rasă mărunt

Sare

1/4 linguriță de nucșoară proaspăt măcinată

1/4 linguriță de scorțișoară măcinată

Piper negru proaspăt măcinat

12 uncii Fontina Valle d'Aosta

12 felii de pâine cu crusta, secară fără semințe, pumpernickel sau grâu integral, prăjită

1. Pregătiți bulion dacă este necesar. Apoi, topește untul într-o oală mare. Se adauga varza si sare dupa gust. Acoperiți și gătiți la foc mic, amestecând din când în când, până când varza este fragedă, 30 de minute.

2. Preîncălziți cuptorul la 350°F. Puneti bulionul, nucsoara, scortisoara, sare si piper intr-o oala mare si aduceti la fiert la foc mediu.

3. Puneți 4 felii de pâine în fundul unui cuptor de 3 litri sau o oală grea sau o caserolă. Se acopera cu jumatate din varza si cu o treime din branza. Repetați cu un alt strat de pâine, varză și brânză. Se ornează cu pâinea rămasă. Se toarnă cu grijă bulionul fierbinte. Rupeți brânza rezervată în bucăți și presărați peste supă.

4. Coaceți caserola până devine maro auriu și clocotește, aproximativ 45 de minute. Lăsați să stea 5 minute înainte de servire.

Supă cremoasă de ciuperci

Funghis Zuppa

Face 8 portii

Ziua Recunoștinței nu este o sărbătoare în Italia, dar servesc adesea această supă cremoasă cu ciuperci proaspete și uscate din nordul Italiei, ca parte a meniului meu de sărbători.

8 cești de casă<u>Ciorbă de carne</u>sau un amestec de jumătate bulion de vită cumpărat din magazin și jumătate apă

1 uncie ciuperci porcini uscate

2 căni de apă fierbinte

2 linguri de unt nesarat

1 ceapa medie, tocata marunt

1 catel de usturoi, tocat marunt

1 kg de ciuperci albe, feliate subțiri

1/2 cană vin alb sec

1 lingura pasta de rosii

1/2 cană smântână

Pătrunjel proaspăt tocat cu frunze plate pentru decor

Sare și piper negru proaspăt măcinat

1. Pregătiți bulion dacă este necesar. Apoi puneți ciupercile porcini în apă și lăsați la macerat timp de 30 de minute. Scoateți ciupercile din bol și rezervați lichidul. Clătiți ciupercile sub jet de apă rece pentru a îndepărta orice murdărie. Acordați o atenție deosebită capetelor tulpinilor unde se acumulează pământ. Tocați grosier ciupercile. Se strecoară lichidul din ciuperci printr-un filtru de cafea de hârtie într-un bol.

2. Într-o oală mare, topește untul la foc mediu. Adăugați ceapa și usturoiul și gătiți timp de 5 minute. Se amestecă toate ciupercile și se gătesc, amestecând din când în când, până când ciupercile se rumenesc ușor, aproximativ 10 minute. Asezonați cu sare și piper.

3. Adăugați vinul și aduceți la fiert. Se amestecă bulionul, lichidul de ciuperci și pasta de roșii. Reduceți focul și fierbeți timp de 30 de minute.

4. Se amestecă crema. Se presara patrunjel si se serveste imediat.

Supa de legume cu pesto

Minestrone cu pesto

Face 6-8 portii

În Liguria, se adaugă o cupă de sos pesto parfumat la cojile minestrone. Nu este esențial, dar chiar scoate în evidență aroma supei.

1/4 cană ulei de măsline

1 ceapa medie, tocata

2 morcovi, tocați

2 coaste de telina, tocate

4 rosii coapte, curatate de coaja, fara samburi si tocate

1 kilogram de smog sau spanac, tocat

3 cartofi cu fierbere medie, decojiti si tocati

3 dovlecei mici, tocați

8 uncii de fasole verde, tăiată în bucăți de 1/2 inch

8 uncii de fasole cannellini sau borlotti proaspete decojite sau 2 căni de fasole scursă, gătită, uscată sau conservată

Sare și piper negru proaspăt măcinat

1 retetaPesto

4 uncii forme mici de paste, cum ar fi tubetti sau coate

1. Se toarnă uleiul într-o oală mare. Adăugați ceapa, morcovii și țelina. Gatiti la foc mediu, amestecand des, pana cand legumele sunt fragede si aurii, aproximativ 10 minute.

2. Se adaugă roșiile, mătgul, cartofii, dovlecelul și fasolea. Adăugați suficientă apă pentru a acoperi doar legumele. Asezonați cu sare și piper. Gatiti, amestecand din cand in cand, pana cand supa s-a ingrosat si legumele sunt fragede, aproximativ 1 ora. Dacă devine prea groasă, adăugați puțină apă.

3. Între timp, pregătiți pesto-ul dacă este necesar. Cand supa s-a ingrosat adaugam taiteii. Gatiti, amestecand, pana cand taiteii sunt fragezi, aproximativ 10 minute. Se lasa sa se raceasca putin. Se serveste fierbinte cu un bol cu pesto pe masa sau se

toarna supa in boluri si se aseaza cate o lingura de pesto in mijlocul fiecaruia.

Supă de ouă Pavia

Zuppa alla Pavese

Face 4 portii

Ouăle poşate în bulion sunt o masă rapidă şi delicioasă. Supa este gata de servit când albuşul abia se întăreşte şi gălbenuşul este încă fraged.

casa de 2 litri<u>Ciorbă de carne</u>sau un amestec de jumătate bulion cumpărat din magazin şi jumătate apă

4 felii de pâine de ţară uşor prăjită

4 ouă mari, la temperatura camerei

4 până la 6 linguri Parmigiano-Reggiano proaspăt ras

Sare şi piper negru proaspăt măcinat

1. Pregătiţi bulion dacă este necesar. Dacă bulionul nu este proaspăt făcut, se încălzeşte până se fierbe. Asezonaţi cu sare şi piper.

2. Pregătiți 4 boluri de supă încălzite. Puneți o felie de pâine prăjită în fiecare bol și apoi spargeți un ou pe fiecare felie de pâine prăjită.

3. Turnați bulionul fierbinte peste ouă, acoperindu-le cu câțiva centimetri. Se presară cu brânză. Lasam sa stea pana cand albusurile sunt fierte dupa bunul plac. Se serveste fierbinte.

Supă romană de ouă

Straciatelle

Face 4 portii

Straciatelleînseamnă „cârpe mici" și se referă la apariția ouălor în supă. Pentru a spori aroma bulionului, puteți adăuga puțin suc de lămâie sau nucșoară măcinată.

8 cești de casăsupa de puisau un amestec de jumătate bulion cumpărat din magazin și jumătate apă

3 ouă mari

1/4 cană Parmigiano-Reggiano proaspăt ras

Sare și piper negru proaspăt măcinat

1 lingură pătrunjel proaspăt cu frunze plate tocat foarte fin

1. Pregătiți bulion dacă este necesar. Dacă bulionul nu este proaspăt făcut, se încălzește până se fierbe.

2. Într-un castron mic, amestecați ouăle, brânza, sare și piper până se omogenizează bine. Se toarnă încet amestecul în

bulion, amestecând continuu cu o furculiță, până când ouăle se întăresc și formează dungi. Se amestecă pătrunjelul și se servește imediat.

Clatite cu oua in bulion

Scrippell 'Mbusse

Face 6 portii

Scripple *este dialectul abruzzez pentru crespelle sau clătite. Acestea sunt aceleaşi clătite acoperite cu brânză, ciuperci şi sos de roşii*Crêpe Abruzzaise şi timbal de ciuperci*Reţetă. Aici se umplu cu cascaval ras si se servesc in bulion.*

8 ceşti de casă supa de pui sau un amestec de jumătate bulion cumpărat din magazin şi jumătate apă

    12 Crepe

½ cană Parmigiano-Reggiano proaspăt ras

2 linguri de pătrunjel italian proaspăt tocat mărunt

1. Pregătiţi bulion dacă este necesar. Apoi, pregătiţi clătitele dacă este necesar. Stropiţi fiecare clătită cu puţină brânză şi pătrunjel. Rulaţi clătitele în tuburi. Pregătiţi 6 boluri de supă încălzite. Puneţi două tuburi în fiecare vas.

2.Dacă bulionul nu este fierbinte, se încălzește până se fierbe. Turnați bulionul fierbinte peste tuburile de clătite și serviți imediat.

Prajituri cu gris in bulion

Frittatine di Semola în Brodo

Face 6 portii

La o cină oficială la un restaurant italian elegant din New York, am vorbit cu prietenul meu Tony Mazzola despre mâncărurile pe care le savuram în copilărie. Tony mi-a povestit despre supa simplă servită de mama lui Lydia, care era din Sicilia. În timp ce ne-am mâncat bibilică și risotto cu trufe albe rare și scumpe și vinuri fine, el ne-a descris această supă liniștitoare de delicioase mici beignets de gris și brânză în supă de pui. Mama lui o servea doar de Crăciun și de Revelion pentru că, spunea ea, simplitatea lui te face să te simți bine după toată mâncarea grea de sărbători. Câteva zile mai târziu, masa de lux a fost aproape uitată, dar am fost încântată să încerc supa lui Tony.

Rețineți că tigaia este unită ușor cu ulei de măsline înainte de a prăji gogoșile. Nu este necesar să folosiți mai mult. Cu mai puțin ulei, gogoșile se rumenesc mai bine și își păstrează mai bine forma.

6 cești de casă supa de pui sau un amestec de jumătate bulion cumpărat din magazin și jumătate apă

2 1/2 căni de apă

1 lingurita sare

1 cană gris măcinat fin

1 ou mare, bătut

1 cană Parmigiano-Reggiano proaspăt ras

2 linguri de pătrunjel proaspăt cu frunze plate tocat

Piper negru proaspăt măcinat

ulei de masline

1. Pregătiți bulion dacă este necesar. Apoi aduceți apa la fiert într-o cratiță medie la foc mediu. Se amestecă grisul și sarea împreună. Reduceți focul la mic și gătiți, amestecând, până când grisul se îngroașă, aproximativ 2 minute.

2. Scoateți oala din cuptor. Se amestecă oul, brânza, pătrunjelul și piperul după gust.

3. Tapetați o tavă cu o bucată de folie de plastic. Răzuiți amestecul de gris pe plastic și întindeți-l la o grosime de 1/2 inch. Se lasa sa se raceasca la temperatura camerei, cel putin 30 de minute. Utilizați imediat sau acoperiți cu folie de plastic și lăsați la frigider până la 24 de ore.

4. Chiar înainte de a servi supa, tăiați amestecul de gris în bucăți mici. Ungeți o tigaie mare antiaderență cu ulei de măsline și încălziți tigaia la foc mediu-mare. Adăugați suficiente bucăți de gris pentru a se potrivi confortabil într-un scutec îngrijit. Coaceți până se rumenește, aproximativ 4 până la 5 minute. Întoarceți bucățile și rumeniți cealaltă parte pentru încă aproximativ 4 până la 5 minute. Așezați bucățile pe o farfurie. Acoperiți cu folie și păstrați la cald. Prăjiți bucățile de gris rămase în același mod.

5. Între timp, aduceți bulionul la fiert. Împărțiți prăjiturile cu gris în 4 boluri. Se toarnă bulionul peste el. Serviți imediat.

Taitei de paine in bulion

Passatelli în Brodo

Face 6 portii

Passatelli *sunt fire de aluat asemănătoare tăițeilor, făcute din pesmet uscat și brânză rasă combinate cu ouă bătute. Aluatul se adaugă direct în bulionul la fiert printr-un dispozitiv asemănător cu un stropitor de cartofi sau cu o moară alimentară. Unii bucătari adaugă în aluat puțină coajă de lămâie proaspătă rasă. Passatelli în bulion a fost cândva un fel de mâncare tradițional de duminică în Emilia-Romagna, urmat de o friptură.*

8 cești de casă<u>Ciorbă de carne</u>Sau<u>supa de pui</u>sau un amestec de jumătate bulion cumpărat din magazin și jumătate apă

3 ouă mari

1 cană de brânză Parmigiano-Reggiano proaspăt rasă, plus suplimentar pentru servire

2 linguri de patrunjel proaspat cu frunze plate tocat foarte marunt

1/4 linguriță nucșoară rasă

Aproximativ 3/4 cană pesmet simplu, uscat

1. Pregătiți bulion dacă este necesar. Apoi, într-un castron mare, bate ouăle până se omogenizează bine. Se amestecă brânza, pătrunjelul și nucșoara până se omogenizează. Adăugați suficient pesmet pentru a crea un aluat fin și gros.

2. Dacă bulionul nu este proaspăt făcut, aduceți-l la fiert într-o oală mare. Gustați bulionul și ajustați condimentele dacă este necesar.

3. Puneți o râșniță de legume cu un cuțit grosier, un zdrobitor de cartofi sau o sită cu o gaură mare pe tigaie. Împingeți amestecul de brânză prin moara de legume sau sita în bulionul care fierbe. Gatiti la foc mic timp de 2 minute. Se ia de pe foc si se lasa sa stea 2 minute inainte de servire. Se servește fierbinte cu brânză suplimentară.

Galuste tiroleze

Canederli

Face 4 portii

Bucătarii din nordul Italiei, lângă granița cu Austria, fac găluște cu pâine complet diferite de găluștele passatelli din Emilia-Romagna. Ca și găluștele austriece, canederli sunt făcute din pâine integrală de grâu sau de secară și se asezonează cu salam (un cârnați din carne de porc tocată grosier) sau mortadela (un cârnați fraged din carne de porc tocată foarte fin, asezonat cu nucșoară și adesea fistic întreg). Se fierb in lichid si apoi se servesc in bulion, dar merg bine si cu sosul de rosii sau cu unt.

8 cești de casăCiorbă de carneSausupa de puisau un amestec de jumătate bulion cumpărat din magazin și jumătate apă

4 căni de pâine de secară fără semințe de o zi sau pâine de grâu integral

1 cană lapte

2 linguri de unt nesarat

1/2 cană ceapă tocată

3 uncii de salam, bologna sau sunca afumata, tocata foarte fin

2 ouă mari, bătute

2 linguri de arpagic proaspăt tocat sau pătrunjel proaspăt cu frunze plate

Sare și piper negru proaspăt măcinat

Aproximativ 1 cană de făină universală

1/2 cană Parmigiano-Reggiano proaspăt ras

1. Pregătiți bulion dacă este necesar. Apoi, într-un castron mare, înmuiați pâinea în lapte timp de 30 de minute, amestecând din când în când. Pâinea ar trebui să înceapă să se sfărâme.

2. Într-o tigaie mică, topește untul la foc mediu. Adăugați ceapa și gătiți, amestecând des, până se rumenesc, aproximativ 10 minute.

3. Întindeți conținutul tigaii peste pâine. Se adauga carnea, ouale, arpagicul sau patrunjel, sare si piper dupa gust. Se amestecă treptat suficientă făină, astfel încât amestecul să își păstreze forma. Se lasa sa stea 10 minute.

4. Udați-vă mâinile cu apă rece. Scoateți aproximativ 1/4 cană din amestec și formați o minge. Rulați mingea în făină. Puneți găluștea pe o bucată de hârtie ceară. Repetați cu restul amestecului.

5. Aduceți o oală mare cu apă la fiert. Reduceți căldura, astfel încât apa să fiarbă. Adăugați cu grijă jumătate din chifteluțe, sau doar câte pentru a nu supraaglomera tigaia. Gatiti 10-15 minute sau pana cand chiftelele sunt fierte. Cu o lingură cu fantă, transferați chiftelele pe o farfurie. Pregătiți chiftelele rămase în același mod.

6. Când este gata să serviți supa, încălziți bulionul până se fierbe. Adăugați chiftelele și gătiți ușor timp de 5 minute sau până când se încălzesc. Serviți chiftele în bulion cu brânză rasă.

Supă de fasole verde și cârnați

Zuppa lui Fagiolini

Face 4 portii

Într-o vară, când eram mică, am vizitat o mătușă străbună care avea o frumoasă casă victoriană veche pe țărmurile Long Island din New York. În fiecare zi pregătea prânzuri și cine elaborate pentru soțul ei, care se pare că aștepta nu mai puțin de trei feluri de mâncare. Era una dintre supele pe care le făcea.

Folosesc orez cu bob mediu pentru această supă - genul pe care îl folosesc pentru risotto - pentru că asta am de obicei acasă, dar ar merge și orezul cu bob lung.

2 linguri ulei de masline

1 ceapa medie, tocata

1 ardei rosu sau galben, tocat

3 cârnați italieni de porc

2 roșii mari, curățate de coajă, fără semințe și tocate, sau 1 cană de roșii din conserva, tocate

8 uncii de fasole verde, tăiată și tăiată în bucăți mici

Un praf de ardei rosu macinat

Sare

3 căni de apă

1/4 cană de orez cu bob mediu, cum ar fi Arborio

1. Se toarnă uleiul într-o cratiță medie. Adăugați ceapa, ardeii și cârnații și gătiți, amestecând ocazional, până când legumele sunt fragede și cârnații sunt ușor rumeniți, aproximativ 10 minute.

2. Adăugați roșiile, fasolea verde, ardeiul roșu zdrobit și sare și gust. Adăugați 3 căni de apă rece și aduceți la fiert. Reduceți căldura și gătiți timp de 15 minute.

3. Puneți cârnații pe o farfurie. Tăiați cârnații în felii subțiri și puneți-i înapoi în oală.

4. Se amestecă orezul și se gătește până când orezul este fraged, cu 15 până la 20 de minute mai mult. Se serveste fierbinte.

Supă de scarole și chiftele mici

Zuppa de Scarola și Polpettini

Face 6-8 portii

Crescând, a fost supa mea preferată, deși o mâncam doar în sărbători și ocazii speciale. Încă nu pot rezista și o fac des.

casa de 4 litri supa de pui sau un amestec de jumătate bulion cumpărat din magazin și jumătate apă

1 scarola de cap mediu (aproximativ 1 kilogram)

3 morcovi mari, tocati

Chiftele

1 kilogram de vițel sau de vită măcinat

2 ouă mari, bătute

1/2 cană ceapă tocată foarte fin

1 cană pesmet simplu

1 cană de brânză Pecorino Romano proaspăt rasă, plus suplimentar pentru servire

1 lingurita sare

Piper negru proaspăt măcinat după gust

1. Pregătiți bulion dacă este necesar. Apoi tăiați scarola și aruncați frunzele deteriorate. Tăiați capetele tulpinilor. Separați frunzele și spălați-le bine cu apă rece, mai ales în centrul frunzelor unde se acumulează pământ. Stivuiți foile și tăiați-le în cruce în fâșii de 1 inch.

2. Într-o oală mare, combinați bulionul, scarola și morcovii. Se aduce la fierbere și se fierbe timp de 30 de minute.

3. Între timp, pregătiți chifteluțele: puneți toate ingredientele pentru chifteluțe într-un castron mare. Folosind mâinile (sau un dozator de lingură mică), formați amestecul în bile mici de mărimea strugurilor mici și puneți-le pe o farfurie sau o tavă.

4. Cand legumele sunt gata, adaugam cu grija chiftelele pe rand in supa. Gatiti la foc mic pana cand chiftelele sunt fierte, aproximativ 20 de minute. Gustați și ajustați condimentele. Se serveste fierbinte, stropite cu Pecorino Romano ras.

Supa „Mire"

Minestra Maritata

Face 10-12 portii

Mulți oameni presupun că această ciorbă napolitană își trage numele de la faptul că este servită la banchetele de nuntă, dar de fapt „căsătorit" se referă la combinația de arome a diferitelor cărni și legume care sunt ingredientele sale principale. Este o rețetă foarte veche - o dată un fel de mâncare pe care oamenii îl mâncau în fiecare zi, adăugând orice resturi de carne și legume pe care le-au găsit. Astăzi este considerat un pic de modă veche, deși nu mi-aș putea imagina o masă mai sățioasă într-o zi rece.

În loc de legumele enumerate mai jos, se pot folosi și smog, cicoare, kale sau varză. Încearcă Genova sau alt salam italian în locul soppressatei sau un os de șuncă în locul osului de prosciutto. Pentru cea mai bună aromă, pregătiți supa cu o zi înainte de servire.

1 kilogram de coaste de porc cu carne (costite de porc în stil rustic)

1 os de sunca (optional)

2 morcovi medii, curatati

2 coaste de telina cu frunze

1 ceapă medie

1 kilogram de cârnați de porc italian

1 felie groasă de prosciutto italian importat (aproximativ 4 uncii)

1 bucată de soppressata de 4 uncii

Un praf de ardei rosu macinat

1/2 liră (1 cap mic) scarola, tăiată

1 kilogram (1 buchet mediu) de broccoli, tăiat

1 kilogram (aproximativ jumătate de cap mic) de varză, tăiată fâșii

8 uncii de broccoli, tăiat în buchețe (aproximativ 2 căni)

Parmigiano-Reggiano proaspăt ras

1. Aduceți 5 litri de apă la fiert într-o oală mare. Adăugați cotlete de porc, oase de prosciutto (dacă folosiți), morcovi, țelină și

ceapă. Reduceți focul la fiert și fierbeți la foc mediu timp de 30 de minute.

2. Îndepărtați spuma care se ridică la suprafață. Adăugați cârnați, prosciutto, soppressata și ardei roșu măcinat. Gatiti pana cand cotletele de porc sunt fragede, aproximativ 2 ore.

3. Între timp, spălați și tocați toate legumele. Aduceți o oală mare cu apă la fiert. Adăugați jumătate din legumele verzi. Se aduce la fierbere și se fierbe timp de 10 minute. Folosind o lingură cu fantă, transferați verdeața într-o strecurătoare pusă peste un castron mare. Gătiți legumele verzi rămase în același mod. Se scurge bine si se lasa sa se raceasca. După ce s-a răcit, tăiați verdeața în bucăți mici.

4. După 2 ore de gătit, scoateți carnea și cârnații din bulion. Scoateți oasele și tăiați carnea și cârnații în bucăți mici.

5. Lasam bulionul sa se raceasca putin. Se degresează bulionul. Strecurați bulionul printr-o sită cu ochiuri fine într-o oală mare și curată. Reveniți carnea în bulion. Adăugați verdeața. Se aduce din nou la fiert și se fierbe timp de 30 de minute.

6. Se serveste fierbinte, stropite cu Parmigiano-Reggiano ras.

Supa de peste toscana

Cacciucco

Face 6 portii

Cu cât adăugați mai multe tipuri de pește în oala pentru această specialitate toscană, cu atât supa va fi mai bună.

1/4 cană ulei de măsline

1 ceapă medie

1 coastă de țelină, tocată

1 morcov, tocat

1 cățel de usturoi, tocat

2 linguri de pătrunjel proaspăt cu frunze plate tocat

Un praf de ardei rosu macinat

1 frunză de dafin

1 homar viu (1 până la 2 lire sterline)

2 pești întregi (aproximativ 1 1/2 lire fiecare) cum ar fi porky, biban dungat, snapper sau biban de mare, curățați și tăiați în bucăți (scoateți capetele și rezervați)

1/2 cană vin alb sec

1 kilogram de roșii, curățate, fără semințe și tocate

1 kilogram de calamari (calamari), curățați și tăiați în rondele de 1 inch

Felii de pâine italiană, prăjite

1. Se toarnă uleiul într-o oală mare. Adăugați ceapa, țelina, morcovul, usturoiul, pătrunjelul, ardeiul și foaia de dafin. Gatiti la foc mediu, amestecand des, pana cand legumele sunt fragede si aurii, aproximativ 10 minute.

2. Pune homarul, cu cavitatea în sus, pe o placă de tăiat. Nu îndepărtați benzile care țin ghearele închise. Acoperiți-vă mâna cu un prosop gros sau cu un suport pentru oală și țineți homarul peste coadă. Folosind vârful unui cuțit greu de bucătar, străpunge corpul acolo unde coada se întâlnește cu pieptul. Cu ajutorul foarfecelor de pasăre, îndepărtați coaja subțire care acoperă carnea de coadă. Îndepărtați vena

întunecată a cozii, dar lăsați tomalli-ul verde și coralul roșu dacă sunt prezente. Pune coada deoparte. Tăiați corpul homarului și ghearele de la articulații în bucăți de 1-2 inci. Loviți ghearele cu partea contondită a cuțitului pentru a le rupe.

3. Adăugați cavitatea pieptului de homar și capetele de pește rezervate și tunsoarele în tigaie. Coaceți timp de 10 minute. Adăugați vinul și fierbeți timp de 2 minute. Se amestecă roșiile și 4 căni de apă. Se aduce la fierbere și se fierbe timp de 30 de minute.

4. Folosind o lingură cu fantă, scoateți și aruncați cavitatea homarului, capetele de pește și frunza de dafin din oală. Treceți ingredientele rămase printr-o moară de legume într-un castron mare.

5. Clătiți tigaia și turnați supa. Aduceți lichidul la fierbere. Adăugați fructe de mare care necesită cel mai mult gătit, cum ar fi calamari. Coaceți până aproape se înmoaie, aproximativ 20 de minute. Se amestecă coada homarului și ghearele și bucățile de pește. Gătiți până când homarul și peștele sunt opace în interior, aproximativ 10 minute mai mult.

6. Puneți felii de pâine prăjită în fiecare bol de supă. Se toarnă supa peste pâine și se servește fierbinte.

Supă grosieră de pește

Ciuppin

Face 6 portii

Pentru aceasta supa puteti folosi un singur tip de peste sau mai multe tipuri. Pentru o aromă și mai de usturoi, frecați feliile de pâine prăjită cu un cățel de usturoi crud înainte de a adăuga supa în boluri. Marinarii din Genova au adus această supă clasică la San Francisco, unde s-au stabilit mulți dintre ei. San franciscanii își numesc versiunea Cioppino.

2 1/2 kg fileuri de pește alb asortate, cum ar fi halibut, biban sau mahi mahi

1/4 cană ulei de măsline

1 morcov mediu, tocat mărunt

1 coastă fragedă de țelină, tocată mărunt

1 ceapa medie, tocata

2 catei de usturoi, tocati marunt

1 cană de vin alb sec

1 cană roșii proaspete sau conservate decojite, fără semințe și tocate

Sare și piper negru proaspăt măcinat

2 linguri de pătrunjel proaspăt cu frunze plate tocat

6 felii de pâine italiană sau franceză, prăjite

1. Clătiți bucățile de pește și uscați. Tăiați peștele în bucăți de 5 cm și îndepărtați oasele.

2. Se toarnă uleiul într-o oală mare. Adăugați morcovul, țelina, ceapa și usturoiul. Gătiți la foc mediu, amestecând des, până când sunt fragezi și aurii, aproximativ 10 minute. Adăugați peștele și gătiți, amestecând din când în când, încă 10 minute.

3. Se toarnă vinul și se aduce la fierbere. Se adauga rosiile, sare si piper dupa gust. Adăugați apă rece pentru a acoperi. Se aduce la fierbere și se fierbe timp de 20 de minute.

4. Se amestecă pătrunjelul. Pune o felie de pâine prăjită în fiecare bol de supă. Se toarnă supa peste pâine și se servește fierbinte.

Fructe de mare, paste și supă de fasole

Paste și Fagioli cu Frutti di Mare

Face 4-6 portii

Supele care combină pastele și fasole cu fructe de mare sunt populare în sudul Italiei. Aceasta este varianta mea față de cea pe care am încercat-o la Alberto Ciarla, un renumit restaurant cu fructe de mare din Roma.

1 kilogram de scoici mici

1 kilogram de scoici mici

2 linguri ulei de masline

2 uncii pancetta, tocata fin

1 ceapa medie, tocata marunt

2 catei de usturoi, tocati marunt

3 cani de fasole cannellini fierte, uscate sau conservate, scurse

1 cana rosii tocate

1/2 kilograme de calamari (calamar), tăiați în rondele de 1 inch

Sare și piper negru proaspăt măcinat

8 uncii spaghete, rupte în bucăți de 1 inch

2 linguri de pătrunjel proaspăt cu frunze plate tocat

Ulei de măsline extra virgin

1. Pune midiile, acoperite, in apa rece timp de 30 de minute. Spălați-le cu o perie tare și răzuiți orice lipa și alge. Scoateți ghimpile trăgându-le spre capătul îngust al cochiliilor. Aruncați toate midiile care au coji crăpate sau care nu se închid etanș când sunt bătute. Puneți scoicile într-o oală mare cu 1/2 cană apă rece. Acoperiți oala și aduceți la fierbere. Gatiti pana se deschid midiile, aproximativ 5 minute. Folosind o lingura cu fanta, transferati midiile intr-un castron.

2. Pune midiile în tigaie și acoperă tigaia. Gatiti pana se deschid midiile, aproximativ 5 minute. Scoateți midiile din oală. Se strecoară lichidul din tigaie printr-un filtru de cafea de hârtie într-un bol și se pune deoparte.

3. Foloseşte-ţi degetele pentru a scoate midiile din coajă şi pune-le într-un castron.

4. Se toarnă uleiul într-o oală mare. Adăugaţi pancetta, ceapa şi usturoiul. Gătiţi la foc mediu, amestecând des, până când sunt fragezi şi aurii, aproximativ 10 minute.

5. Adăugaţi fasolea, roşiile şi calamarii. Adăugaţi sucurile de crustacee rezervate. Se aduce la fierbere şi se fierbe timp de 20 de minute.

6. Se amestecă fructele de mare şi se gătesc până când sunt fierte, aproximativ 5 minute.

7. Între timp, aduceţi o oală mare cu apă la fiert. Adaugă tăiţeii şi sare şi gustă. Gatiti pana se inmoaie. Scurgeţi tăiţeii şi adăugaţi-i în supă. Dacă supa pare prea groasă, adăugaţi puţin lichid de paste.

al 8-lea. Se amestecă pătrunjelul. Se serveste fierbinte, stropite cu ulei de masline extravirgin.

Scoici și scoici în bulion de roșii

Zuppa di Cozze

Face 4 portii

Dacă doriți, puteți face acest lucru cu toate cojile sau cu toate cojile.

2 kilograme de midii

1/ cană ulei de măsline

4 catei de usturoi, tocati foarte marunt

2 linguri de pătrunjel proaspăt cu frunze plate tocat

Un praf de ardei rosu macinat.

1 cană de vin alb sec

3 kg de roșii coapte, decojite, fără semințe și tocate sau 2 cutii (28-35 uncii) de roșii italiene decojite, tocate

Sare

2 kg scoici mici

8 felii de pâine italiană sau franceză, prăjite

1 cățel întreg de usturoi

1. Pune midiile, acoperite, in apa rece timp de 30 de minute. Spălați-le cu o perie tare și răzuiți orice lipa și alge. Scoateți ghimpile trăgându-le spre capătul îngust al cochiliilor. Aruncați toate midiile care au coji crăpate sau care nu se închid etanș când sunt bătute.

2. Într-o oală mare, încălziți uleiul la foc mediu. Adăugați usturoiul tocat, pătrunjelul și ardeiul roșu zdrobit și gătiți la foc mic până când usturoiul devine maro auriu, aproximativ 2 minute. Se amestecă vinul și se aduce la fierbere. Adăugați roșiile și un praf de sare. Gatiti la foc mediu, amestecand din cand in cand, pana cand amestecul se ingroasa usor, aproximativ 20 de minute.

3. Se amestecă ușor scoicile și scoici. Acoperiți oala. Gătiți până când scoicile se deschid, 5 până la 10 minute. Aruncați orice nu poate fi deschis.

4. Frecați pâinea prăjită cu cățelul de usturoi feliat. Pune o bucată de pâine în fiecare bol de supă. Se ornează cu midii și lichid. Se serveste fierbinte.

pentru utilizare cu alte alimente.

SOS DE ROSII

Sos marinara

Salsa marinara

Face 2 1/2 cesti

Usturoiul dă acestui sos de gătit rapid din sudul Italiei gustul său caracteristic. Napolitanii zdrobesc ușor cuișoarele cu latura unui cuțit mare. Acest lucru face mai ușor să îndepărtați coaja și să deschideți cuișoarele pentru a le elibera aroma. Indepartati cateii intregi de usturoi inainte de servire.

Pentru cel mai proaspăt gust, adaug busuiocul la sfârșitul timpului de gătire. Busuiocul uscat este un înlocuitor slab pentru proaspăt, dar îl puteți înlocui și cu pătrunjel proaspăt sau mentă. Acest sos este ideal pentru spaghete sau alte paste uscate.

1/4 cană ulei de măsline

2 căței mari de usturoi, zdrobiți

Un praf de ardei rosu macinat

Treceți 3 kilograme de roșii prune proaspete, curățate, fără semințe și tocate, sau 1 (28 oz) de roșii prune decojite importate cu sucul lor, printr-o mașină de tocat carne

Sarat la gust

4 frunze de busuioc proaspăt, rupte în bucăți

1. Se toarnă uleiul într-o cratiță medie. Adăugați usturoiul și ardeiul roșu. Gătiți la foc mediu, întorcând usturoiul o dată sau de două ori, până se rumenește, aproximativ 5 minute. Scoateți usturoiul din tigaie.

2. Se adauga rosiile si sare dupa gust. Gatiti, amestecand din cand in cand, pana cand sosul se ingroasa, 20 de minute.

3. Opriți focul și amestecați busuiocul. Se serveste fierbinte. Se poate prepara in avans si se pastreaza intr-un recipient ermetic la frigider pana la 5 zile sau la congelator pana la 2 luni.

sos de rosii proaspat

Salsa usoara

Face 3 cani

Acest sos este neobişnuit pentru că nu începe cu ceapa obişnuită sau usturoiul fiert în ulei de măsline sau unt. În schimb, aromele se fierb împreună cu roşiile, dând sosului un gust delicat, de plante. Serviţi cu paste proaspete sau ca sos pentru o frittata sau altă omletă.

4 kilograme de roşii prune coapte, curăţate, fără seminţe şi tocate

1 morcov mediu, tocat

1 ceapa medie, tocata

1 coastă mică de ţelină, tocată

Sarat la gust

6 frunze de busuioc proaspăt, rupte în bucăţi mici

1/4 cană ulei de măsline extravirgin

1. Într-o oală mare, cu fundul greu, combinați roșiile, morcovul, ceapa, țelina, un praf de sare și busuioc. Acoperiți tigaia și gătiți la foc mediu până când amestecul ajunge la fiert. Acoperiți și gătiți, amestecând din când în când, până când sosul s-a îngroșat, 20 de minute.

2. Se lasa sa se raceasca putin. Treceți sosul printr-o râșniță de legume sau treceți-l în piure într-un robot de bucătărie sau blender. Se încălzește din nou cu grijă și se gustă pentru condimentare. Se amestecă uleiul. Se serveste fierbinte. Se poate prepara in avans si se pastreaza intr-un recipient ermetic la frigider pana la 5 zile sau la congelator pana la 2 luni.

Sos de rosii in stil sicilian

Salsa di Pomodoro alla Siciliana

Face aproximativ 3 căni

Am văzut-o pe Anna Tasca Lanza, care are o școală de gătit la crama Regaleali a familiei ei din Sicilia, făcând astfel sos de roșii. Totul intră în oală și când s-a fiert suficient, sosul se face piure în moara de legume pentru a îndepărta semințele de roșii. Untul și uleiul de măsline adăugate la sfârșitul gătitului îmbogățesc și îndulcesc sosul. Serviți cu gnocchi de cartofi sau fettuccine proaspăt.

3 kilograme de roșii coapte

1 ceapă medie, feliată subțire

1 catel de usturoi, tocat marunt

2 linguri busuioc proaspăt tocat

Un praf de ardei rosu macinat

1/4 cană ulei de măsline

1 lingura unt nesarat

1. Dacă faceți piure de roșii într-un robot de bucătărie, tăiați-le în sferturi pe lungime și treceți la Pasul 2. Dacă folosiți un robot de bucătărie sau un blender, curățați mai întâi roșiile: aduceți o oală medie cu apă la fiert. Adăugați roșiile pe rând și gătiți timp de 1 minut. Scoate-le cu o lingura cu fanta si pune-le intr-un vas cu apa rece. Repetați cu roșiile rămase. Roșiile se curăță de coajă, se curăță de miez și se răzuiesc semințele.

2. Într-o oală mare, combinați roșiile, ceapa, usturoiul, busuiocul și ardeiul roșu măcinat. Acoperiți și aduceți la fierbere. Gatiti la foc mic timp de 20 de minute sau pana ce ceapa este moale. Se lasa sa se raceasca putin.

3. Dacă este necesar, treceți amestecul printr-o moară sau treceți-l în piure într-un blender sau robot de bucătărie. Întoarceți piureul în oală. Se condimentează cu busuioc, piper roșu și sare.

4. Chiar înainte de servire, încălzește din nou sosul. Se ia de pe foc si se amesteca uleiul de masline si untul. Se serveste fierbinte. Se poate prepara in avans si se pastreaza intr-un

recipient ermetic la frigider pana la 5 zile sau la congelator pana la 2 luni.

Sos de rosii in stil toscan

Salsa di Pomodoro alla Toscana

Face 3 cani

Un soffritto este un amestec de legume aromate tocate, de obicei ceapă, morcovi și țelină, gătite în unt sau ulei până când sunt fragede și ușor rumenite. Este baza de aromă a multor sosuri, supe și preparate fierte și o tehnică esențială în bucătăria italiană. Mulți bucătari italieni pun toate ingredientele pentru soffritto într-o tigaie rece și apoi dau focul. Aceasta înseamnă că toate ingredientele se gătesc ușor și nimic nu devine prea maroniu sau prea fiert. Metoda alternativă de a încălzi mai întâi uleiul și apoi de a adăuga ingredientele tocate riscă supraîncălzirea uleiului. Legumele se pot rumeni, se pot găti excesiv și devin amare.

4 linguri ulei de masline

1 ceapa medie, tocata marunt

1/2 cană morcov tocat

1/4 cană țelină tocată

1 cățel mic de usturoi, tocat

Treceți 3 kilograme de roșii prune coapte proaspete, curățate, fără semințe și tăiate mărunt, sau 1 (28 uncii) de roșii prune decojite importate cu sucul lor, printr-o mașină de tocat carne

1/2 cană supă de pui

Un praf de ardei rosu macinat

Sare

2 sau 3 frunze de busuioc, rupte

1. Se toarnă uleiul într-o cratiță medie. Adăugați ceapa, morcovul, țelina și usturoiul. Gatiti la foc mediu, amestecand din cand in cand, pana cand legumele sunt fragede si aurii, aproximativ 15 minute.

2. Se adauga rosiile, bulionul, ardeiul rosu si sare dupa gust. Se aduce la fierbere. Acoperiți parțial oala și gătiți la foc mic, amestecând din când în când, până când amestecul s-a îngroșat, aproximativ 30 de minute.

3. Se amestecă busuiocul. Se serveste fierbinte. Se poate prepara in avans si se pastreaza intr-un recipient ermetic la frigider pana la 5 zile sau la congelator pana la 2 luni.

Sos pizzaiola

Salsa Pizzaiola

Face aproximativ 2 1/2 cesti

Napolitanii folosesc acest sos delicios pentru a găti fripturi mici sau cotlete (vezi<u>Carne</u>), sau o servesc peste spaghete. Cu toate acestea, în general nu este folosit pentru pizza, deoarece căldura extremă a cuptoarelor de pizza napolitane pe lemne ar face să se supragătească un sos deja gătit. Numele provine de la roșii, usturoi și oregano, aceleași ingrediente pe care le folosește de obicei un pizzar pentru pizza.

Tăiați usturoiul foarte fin, astfel încât să nu rămână bucăți mari în sos.

2 catei mari de usturoi, tocati foarte marunt

1/4 cană ulei de măsline

Un praf de ardei rosu macinat

1 conserve (28 uncii) de roșii italiene decojite cu suc, tocate

1 lingurita oregano uscat, maruntit

Sare

1.Într-o tigaie mare, prăjiți usturoiul în ulei la foc mediu-mare până se rumenește, aproximativ 2 minute. Se amestecă ardeiul roșu zdrobit.

2.Se adauga rosiile, oregano si sare dupa gust. Aduceți sosul la fierbere. Gatiti, amestecand ocazional, timp de 20 de minute sau pana cand sosul se ingroasa. Se serveste fierbinte. Se poate prepara in avans si se pastreaza intr-un recipient ermetic la frigider pana la 5 zile sau la congelator pana la 2 luni.

Sos de carne „fals".

Sugo Finto

Face aproximativ 6 căni

Sugo finto înseamnă „sos fals", un nume ciudat pentru un sos atât de delicios și util care, potrivit prietenului meu Lars Leicht, este folosit în mod obișnuit în centrul Italiei. Această rețetă vine de la mătușa ei care locuiește în afara Romei. Este atât de plin de aromă încât ai crede că are carne în el. Sosul este perfect atunci cand vrei ceva mai complex decat un simplu sos de rosii dar nu vrei sa adaugi carne. Această rețetă face multe, dar poate fi ușor redusă la jumătate dacă este necesar.

1/4 cană ulei de măsline

1 ceapa galbena medie, tocata marunt

2 morcovi mici, curatati de coaja si tocati marunt

2 catei de usturoi, tocati marunt

4 frunze de busuioc proaspăt, tocate

1 ardei roșu uscat mic, zdrobit sau un praf de ardei roșu zdrobit

1 cană de vin alb sec

2 conserve (de 28 până la 35 uncii fiecare) de roșii prune importate cu sucul lor sau 6 kg de roșii prune proaspete, curățate, fără semințe și tocate

1. Într-o oală mare, amestecați uleiul, ceapa, morcovii, usturoiul, busuiocul și chili. Gatiti la foc mediu, amestecand din cand in cand, pana cand legumele sunt fragede si aurii, aproximativ 10 minute.

2. Adăugați vinul și aduceți la fiert. Gatiti 1 minut.

3. Treceți roșiile printr-o râșniță de legume în tigaie sau faceți-le piure într-un blender sau robot de bucătărie. Se aduce la fierbere și se reduce focul la mic. Asezonați cu sare. Gatiti, amestecand ocazional, timp de 30 de minute sau pana cand sosul se ingroasa. Se serveste fierbinte. Se poate prepara in avans si se pastreaza intr-un recipient ermetic la frigider pana la 5 zile sau la congelator pana la 2 luni.

Sos roz

Salsa di Pomodoro alla Panna

Face aproximativ 3 căni

Crema înmoaie acest frumos sos roz. Serviți cu ravioli sau gnocchi verzi.

¼ cană de unt nesărat

¼ cană de eșalotă proaspătă tocată

3 kilograme de roșii proaspete, curățate, fără semințe și tocate, sau 1 (28 oz) roșii prune importate cu suc

Sare și piper negru proaspăt măcinat

½ cană smântână

1. Într-o oală mare, topește untul la foc mediu-mic. Adăugați eșalota și prăjiți până se rumenește, aproximativ 3 minute. Adăugați roșiile, sare și piper și gătiți, amestecând, până când sosul se fierbe. Dacă folosiți roșii conservate, tăiați-le cu o lingură. Gatiti, amestecand din cand in cand, pana cand sosul

se ingroasa putin, aproximativ 20 de minute. Se lasa sa se raceasca putin.

2.Treceți amestecul de roșii printr-o moară de legume. Întoarceți sosul în oală și puneți-l la foc mediu. Adăugați smântână și gătiți 1 minut sau până se îngroașă ușor. Se serveste fierbinte.

Sos de ceapa si rosii

Salsa Pomodoro cu cipolla

Face 2 1/2 cesti

Zaharurile naturale ale cepei completează dulceața untoasă a acestui sos. Acest sos are gust bun și cu eșalotă în loc de ceapă.

3 linguri de unt nesarat

1 lingura ulei de masline

1 ceapa mica, tocata foarte fin

Treceți 3 kilograme de roșii prune, decojite, fără semințe și tăiate, sau 1 (28 uncii) de roșii prune decojite importate cu sucul lor, printr-o mașină de tocat carne

Sare si piper negru proaspat macinat dupa gust

1. Într-o cratiță medie, cu fundul greu, topește untul și uleiul la foc mediu. Adăugați ceapa și gătiți, amestecând o dată sau de două ori, până când ceapa este fragedă și aurie, aproximativ 7 minute.

2.Adăugați roșiile și sare și piper. Aduceți sosul la fiert și gătiți timp de 20 de minute sau până se îngroașă.

Sos de rosii prajit

Salsa Pomodoro Arrostito

Face suficient pentru 1 kilogram de paste

Chiar şi roşiile proaspete imperfecte pot fi preparate astfel. Puteţi folosi o singură varietate de roşii sau mai multe soiuri. O combinaţie de roşii roşii şi galbene este deosebit de frumoasă. Cele mai bune ierburi de folosit sunt busuiocul sau patrunjelul, dar poti folosi si un amestec de arpagic, rozmarin, menta sau orice ai la indemana.

Îmi place să o prăjesc în avans şi apoi să amestec sosul în paste fierbinţi, cum ar fi penne sau fusilli, la temperatura camerei. Prietena mea Suzie O'Rourke îmi spune că îi place să-l servească ca aperitiv cu felii de pâine italiană prăjită.

2 1/2 kg roşii rotunde, prune, cireşe sau struguri

4 catei de usturoi, tocati foarte marunt

Sare

Un praf de ardei rosu macinat

1/2 cană ulei de măsline

1/2 cană busuioc proaspăt tocat, pătrunjel sau alte ierburi

1. Așezați un grătar în centrul cuptorului. Preîncălziți cuptorul la 400°F. Ungeți un vas de copt nereactiv (33 x 23 x 5 cm).

2. Tăiați grosier roșiile rotunde sau roșiile prune în bucăți de 1/2 inch. Înjumătățiți sau în sferturi roșiile cherry sau struguri.

3. Răspândiți roșiile în formă. Se presară usturoi, sare și piper roșu măcinat. Stropiți cu ulei și amestecați ușor.

4. Prăjiți până când roșiile se rumenesc ușor, 30 până la 45 de minute. Scoateți roșiile din cuptor și amestecați ierburile. Se serveste cald sau la temperatura camerei.

Ragù în stil Abruzzo

Ragu Abruzzese

Face aproximativ 7 căni

Legumele din acest ragù se lasă întregi, iar unele cărnuri sunt gătite pe os. La sfârșitul timpului de gătire, legumele și oasele vrac sunt îndepărtate. Carnea se scoate de obicei din sos și se servește ca fel al doilea. Serviți acest sos peste forme groase de paste precum rigatoni.

3 linguri ulei de masline

1 kilogram de umăr de porc cu câteva oase, tăiat în bucăți de 2 inci

1 kilogram de gât sau umăr de miel cu os, tăiat în bucăți de 2 inci

1 kg tocană de vițel dezosată, tăiată în bucăți de 1 inch

1/2 cană vin roșu sec

2 linguri pasta de rosii

Treceți 4 kilograme de roșii proaspete, curățate, fără semințe și tăiate, sau 2 cutii (28 uncii) de roșii prune importate cu sucul lor printr-o râșniță de legume

2 căni de apă

Sare și piper negru proaspăt măcinat

1 ceapă medie

1 baton de telina

1 morcov mediu

1. Într-o oală mare și grea, încălziți uleiul la foc mediu-mare. Adăugați carnea și gătiți, amestecând din când în când, până se rumenește ușor.

2. Adăugați vinul și gătiți până când cea mai mare parte a lichidului s-a evaporat. Se amestecă pasta de tomate. Se adauga rosiile, apa, sare si piper dupa gust.

3. Adăugați legumele și aduceți la fiert. Acoperiți oala și gătiți, amestecând din când în când, până când carnea este foarte fragedă, aproximativ 3 ore. Dacă sosul pare curgător, acoperiți și gătiți până scade puțin.

4. Lasati sa se raceasca. Scoateți toate oasele și legumele.

5. Reîncălziți înainte de servire sau acoperiți și păstrați la frigider până la 3 zile sau la congelator până la 3 luni.

Ragu napolitan

Tocană napolitană

Face aproximativ 8 cani

Acest ragù consistent făcut din diferite bucăți de carne de vită și porc este numit „sos" de mulți italo-americani și este pregătit pentru prânz sau cină duminica. Este ideal pentru amestecarea cu forme de paste îndrăznețe, cum ar fi midii sau rigatoni și pentru utilizare în preparate cu paste coapte, cum ar fi:<u>lasagna napolitană</u>.

Chiftelele se adaugă în sos spre sfârșitul timpului de gătire, astfel încât să le puteți pregăti în timp ce sosul fierbe.

2 linguri ulei de masline

1 kilogram de carne de porc oase sau coaste

1 kilogram de hrană de vită la un moment dat

1 kilogram de cârnați de porc simplu sau italian de fenicul

4 catei de usturoi, usor macinati

1/4 cană pastă de tomate

3 conserve (28 până la 35 uncii) de roșii decojite italiene importate

Sare si piper negru proaspat macinat dupa gust

6 frunze de busuioc proaspăt, rupte în bucăți mici

1 retetaChiftele napolitane, cea mai mare dimensiune

2 căni de apă

1. Într-o oală mare și grea, încălziți uleiul la foc mediu-mare. Uscați carnea de porc și adăugați bucățile în oală. Gătiți, întorcându-le din când în când, până când se rumenesc pe toate părțile, aproximativ 15 minute. Pune carnea de porc pe o farfurie. Se rumenește carnea de vită în același mod și se scoate din cuptorul olandez.

2. Adăugați cârnații în oală și rumeniți pe toate părțile. Rezervați cârnații cu celelalte cărnuri.

3. Scurgeți cea mai mare parte din grăsime. Adăugați usturoiul și gătiți timp de 2 minute sau pana când devine auriu. Aruncați usturoiul. Se amestecă pasta de tomate; Gatiti 1 minut.

4. Puneți roșiile și sucul lor într-o moară de legume în oală. Sau, pentru un sos mai gros, pur și simplu tăiați roșiile. Adăugați 2 căni de apă și asezonați cu sare și piper. Adăugați carnea de porc, vită, cârnați și busuioc. Aduceți sosul la fierbere. Acoperiți parțial tigaia și gătiți la foc mic, amestecând din când în când, timp de 2 ore. Dacă sosul devine prea gros, mai adăugați puțină apă.

5. Între timp, pregătiți chiftelele. Când sosul este aproape fiert, adăugați chiftelele în sos. Gatiti 30 de minute sau pana cand sosul s-a ingrosat si carnea este foarte frageda. Scoateți carnea din sos și serviți ca fel al doilea sau o masă separată. Serviți sosul fierbinte. Acoperiți și păstrați într-un recipient ermetic la frigider până la 3 zile sau la congelator până la 2 luni.

Tocană de cârnați

Ragu di Salsiccia

Face 4 1/2 cani

Bucățile mici de cârnați de porc italian însoțesc acest sos din sudul Italiei. Dacă vă place picant, folosiți cârnați picant. Serviți acest sos alături<u>Tortelli de cartofi</u>*sau paste groase precum crustaceele sau rigatoni.*

1 kilogram de cârnați de porc italieni simpli

2 linguri ulei de masline

2 catei de usturoi, tocati marunt

1/2 cană vin alb sec

Treceți 3 kilograme de roșii prune proaspete, curățate, fără semințe și tocate, sau 1 (28 oz) de roșii prune decojite importate cu sucul lor, printr-o mașină de tocat carne

Sare și piper negru proaspăt măcinat

3 până la 4 frunze de busuioc proaspăt, rupte în bucăți

1. Scoateți cârnații din carcasă. Tocați carnea mărunt.

2. Într-o oală mare, încălziți uleiul la foc mediu. Adăugați carnea de cârnați și usturoiul. Gatiti, amestecand des, pana cand carnea de porc se rumeneste usor, aproximativ 10 minute. Adăugați vinul și aduceți la fiert. Gatiti pana cand cea mai mare parte a vinului s-a evaporat.

3. Se amestecă roșiile și sare după gust. Se aduce la fierbere. Reduceți căldura la minimum. Gatiti, amestecand din cand in cand, pana cand sosul se ingroasa, aproximativ 1 ora si 30 de minute. Chiar înainte de servire, amestecați busuiocul. Se serveste fierbinte. Se poate prepara in avans si se pastreaza intr-un recipient ermetic la frigider pana la 3 zile sau la congelator pana la 2 luni.

Ragu în stilul mărcii

Ragù di Carne alla Marchigiana

Face aproximativ 5 căni

Orașul Campofilone din regiunea Marche din centrul Italiei găzduiește un festival anual de paste care atrage vizitatori din întreaga lume. Punctul culminant al festivalului este Maccheroncini, tăiței cu ou rulați manual, serviți cu acest sos savuros de carne. Un amestec de ierburi și un vârf de cuișoare îi conferă acestui ragù gustul său deosebit. Adăugați puțin lapte la sfârșitul gătitului pentru a-i da o notă cremoasă. Dacă faceți acest sos în avans, adăugați laptele chiar înainte de servire. Serviți cu fettuccine.

1 cană de casăCiorbă de carnesau bulion de vită cumpărat din magazin

1/4 cană ulei de măsline

1 ceapa mica, tocata marunt

1 coastă de țelină, tocată

1 morcov, tocat

1 lingură pătrunjel proaspăt cu frunze plate tocat

2 lingurite rozmarin proaspat tocat

1 lingurita de cimbru proaspat tocat

1 frunză de dafin

1 kilogram de muschi de vită dezosat, tăiat în bucăți de 2 inci

1 conserve (28 uncii) de roșii prune importate, scurse și trecute printr-o mașină de tocat legume

Un praf de cuișoare măcinate

Sare și piper negru proaspăt măcinat

1/2 cană lapte

1. Pregătiți bulion dacă este necesar. Se toarnă uleiul într-o oală mare. Adăugați legumele și ierburile și gătiți la foc mediu, amestecând din când în când, până când legumele sunt fragede și aurii, timp de 15 minute.

2. Adăugați carnea de vită și gătiți, amestecând des, până când carnea se rumenește. Se presară cu sare și piper. Adăugați

piure de roșii, bulion și cuișoare. Se aduce la fierbere. Acoperiți parțial oala și gătiți, amestecând din când în când, până când carnea este fragedă și sosul este gros, aproximativ 2 ore.

3. Se scoate carnea, se scurge si se toaca marunt. Adăugați din nou carnea tocată în sos.

4. Adăugați laptele și încălziți timp de 5 minute înainte de servire. Se serveste fierbinte. Se poate prepara in avans si se pastreaza intr-un recipient ermetic la frigider pana la 3 zile sau la congelator pana la 2 luni.

Sos de carne toscan

Ragu alla Toscana

Face 8 cani

*Condimentele și coaja de lămâie adaugă o aromă dulce acestei tocane de vită și porc. Servește-l cu asta*pici.

4 linguri de unt nesarat

¼ cană ulei de măsline

4 uncii prosciutto italian importat, tocat

2 morcovi medii

2 cepe roșii medii

1 coastă mare de țelină, tocată

¼ cană pătrunjel proaspăt cu frunze plate tocat

1 kilogram de muschi de vită dezosat, tăiat în bucăți de 2 inci

8 uncii cârnați italian ușor sau carne de porc măcinată

2 kg de roșii proaspete sau 1 (28 uncii) roșii prune importate, tocate

2 cești de casăCiorbă de carnesau bulion de vită cumpărat din magazin

1/2 cană vin roșu sec

1/2 linguriță coajă de lămâie rasă

Un praf de scortisoara

Un praf de nucsoara

Sare si piper negru proaspat macinat dupa gust

1. Într-o oală mare, topim untul cu uleiul de măsline la foc mediu. Adaugati prosciutto si legumele tocate si gatiti, amestecand des, timp de 15 minute.

2. Se amestecă carnea și se gătește, amestecând des, până se rumenește, aproximativ 20 de minute.

3. Se adauga rosiile, bulionul, vinul, coaja de lamaie, scortisoara, nucsoara, sare si piper dupa gust. Aduceți amestecul la

fierbere. Gatiti, amestecand din cand in cand, pana se ingroasa sosul, aproximativ 2 ore.

4. Scoateți bucățile de carne de vită din caserolă. Așezați-le pe o masă de tăiat și tăiați-le în bucăți mici. Se amestecă carnea tocată în sos. Se serveste fierbinte. Se poate prepara in avans si se pastreaza intr-un recipient ermetic la frigider pana la 3 zile sau la congelator pana la 2 luni.

ragout bolognese

ragout bolognese

Face aproximativ 5 căni

Puteți cumpăra multe tipuri de paste proaspete cu ou de la Tamburini, cel mai bun magazin gastronomic și de gustări din Bologna. Cele mai faimoase sunt tortellini, rondele de paste de mărimea nichelului umplute cu mortadella, un cârnați de porc delicat condimentat. Tortellini se servesc fie brodo, „bouillon", alla panna, într-un sos bogat de smântână sau, chiar mai bine, al ragù, cu un sos bogat de carne. Gătirea lungă și lentă a soffritto (legume aromatice și pancetta) conferă ragù-ului bolognez o aromă profundă și bogată.

2 cești de casăCiorbă de carnesau bulion de vită cumpărat din magazin

2 linguri de unt nesarat

2 linguri ulei de masline

2 uncii pancetta, tocata fin

2 morcovi mici, curatati de coaja si tocati marunt

1 ceapa, tocata marunt

1 coastă fragedă de țelină, tocată mărunt

8 uncii carne de vită măcinată

8 uncii carne de porc măcinată

8 uncii carne de vită măcinată

1/2 cană vin roșu sec

3 linguri de pasta de tomate

1/4 linguriță nucșoară rasă

Sare și piper negru proaspăt măcinat

1 cană lapte

1. Pregătiți bulion dacă este necesar. Într-o oală mare, topește untul și uleiul la foc mediu-mic. Adăugați pancetta, morcovii, ceapa și țelina. Gatiti amestecul la foc mic, amestecand din cand in cand, pana cand toate aromele sunt foarte fragede si au o culoare aurie bogata (aproximativ 30 de minute). Dacă ingredientele se rumenesc prea mult, adăugaţi puţină apă caldă.

2. Adăugaţi carnea şi amestecaţi bine. Gatiti, amestecand des pentru a rupe cocoloase, pana cand carnea isi pierde culoarea roz, dar nu se rumeneste, aproximativ 15 minute.

3. Adăugaţi vinul şi fierbeţi până când lichidul s-a evaporat, aproximativ 2 minute. Se amestecă pasta de roşii, bulionul şi nucşoara şi se condimentează cu sare şi piper. Aduceţi amestecul la fierbere. Gătiţi la foc mic, amestecând din când în când, până când sosul s-a îngroşat, aproximativ 2 1/2 până la 3 ore. Dacă sosul devine prea gros, mai adăugaţi puţin bulion sau apă.

4. Se amestecă laptele şi se fierbe încă 15 minute. Se serveste fierbinte. Se poate prepara in avans si se pastreaza intr-un recipient ermetic la frigider pana la 3 zile sau la congelator pana la 2 luni.

Tocană de rață

Ragu di Anatra

Face aproximativ 5 căni

Rațele sălbatice se dezvoltă în lagunele și mlaștinile din Veneto, iar bucătarii locali le folosesc pentru a pregăti mâncăruri minunate. Sunt prajite, fierte sau preparate in ragù. Sosul bogat, sălbatic, se mănâncă cu bigoli, spaghete groase din grâu integral făcute cu o torchio, o presă de paste cu manivelă. Rațele domestice proaspete nu sunt la fel de gustoase ca rațele sălbatice, dar sunt un bun înlocuitor. Ca fel al doilea servesc sosul cu fettuccine si bucatele de rata.

Cereți măcelarului să taie rața în sferturi sau faceți-o singur folosind foarfece pentru păsări de curte sau un cuțit mare de bucătar. Dacă preferați să nu îl utilizați, lăsați ficatul deoparte.

1 ratusca (aproximativ 2,5 kg)

2 linguri ulei de masline

Sare si piper negru proaspat macinat dupa gust

2 uncii pancetta, tocata

2 cepe medii, tocate

2 morcovi medii, tocați

2 coaste de telina, tocate

6 frunze proaspete de salvie

Un praf de nucsoara proaspat rasa

1 cană de vin alb sec

2 1/2 căni de roșii proaspete decojite, fără semințe și tocate

1. Clătiți rața în interior și în exterior și îndepărtați grăsimea din cavitate. Cu ajutorul foarfecelor pentru păsări, tăiați rața în 8 bucăți. Mai întâi tăiați rața de-a lungul coloanei vertebrale. Deschide rața ca pe o carte. Cu un cuțit mare, tăiați rața în jumătate pe lungime între cele două părți ale pieptului. Tăiați coapsa de la sân. Separați piciorul și coapsa la articulație. Separați aripile și sânul la joncțiune. Dacă folosiți ficatul, tăiați-l cubulețe și lăsați-l deoparte.

2. Într-o oală mare, cu fundul greu, încălziți uleiul la foc mediu-mare. Uscați bucățile de rață cu un prosop de hârtie. Adăugați bucățile de rață și gătiți, amestecând din când în când, până se

rumenesc pe toate părțile. Se presară cu sare și piper. Pune rața într-un castron. Îndepărtați toată grăsimea cu excepția a 2 linguri.

3. Adăugați în tigaie pancetta, ceapa, morcovii, țelina și salvie. Gatiti, amestecand ocazional, pana cand legumele sunt fragede si aurii, 10 minute. Adăugați vinul și fierbeți timp de 1 minut.

4. Întoarceți rata în oală și adăugați roșiile și apa. Aduceți lichidul la fierbere. Acoperiți parțial oala și gătiți, amestecând din când în când, timp de 2 ore sau până când rața este foarte fragedă când este străpunsă cu o furculiță. Adăugați foie gras de rață, dacă doriți. Scoateți tigaia de pe foc. Se lasa sa se raceasca putin, apoi se indeparteaza grasimea de la suprafata. Scoateți bucățile de carne din sos cu o lingură cu fantă și puneți-le într-un bol. Acoperiți pentru a se menține cald.

5. Serviți sosul cu fettuccine fierbinte, urmat de carne de rață ca fel al doilea. Întregul fel de mâncare poate fi gătit cu până la 2 zile în avans, păstrat într-un recipient ermetic și refrigerat.

Tocană de iepure sau pui

Ragù di Coniglio sau Pollo

Face 3 cani

Pentru cina de Paşte, era tradiția noastră să începem cu paste în tocană de iepure. Pentru cei din familie care nu vor să mănânce iepure, mama a făcut același sos cu pui. Ținând cont de blândețea cărnii de iepure, întotdeauna am găsit tocanita de pui mult mai gustoasă. Cereți măcelarului să sculpteze iepurele sau puiul pentru tine.

1 iepure mic sau pui, tăiat în 8 bucăți

2 linguri ulei de masline

1 conserve (28 uncii) de roșii italiene decojite cu suc, tocate

1 ceapa medie, tocata marunt

1 morcov mediu, tocat mărunt

1 catel de usturoi, tocat marunt

1/2 cană vin alb sec

1 lingurita rozmarin proaspat tocat

Sare și piper negru proaspăt măcinat

1. Într-o tigaie mare, încălziți uleiul la foc mediu-mare. Uscați bucățile de iepure sau pui și stropiți-le cu sare și piper. Puneți-le în tavă și rumeniți-le bine pe toate părțile, aproximativ 20 de minute.

2. Așezați bucățile pe o farfurie. Scoateți toate, cu excepția a două linguri de grăsime din tigaie.

3. Adăugați ceapa, morcovul, usturoiul și rozmarinul în tigaie. Gatiti, amestecand des, pana cand legumele sunt fragede si usor rumenite. Adăugați vinul și fierbeți timp de 1 minut. Treceți roșiile și sucul lor printr-o moară de alimente sau treceți-le în piure într-un blender sau robot de bucătărie și adăugați-le în oală. Asezonați cu sare și piper. Reduceți căldura la mic și acoperiți parțial tigaia. Se fierbe timp de 15 minute, amestecând din când în când.

4. Întoarceți carnea în tigaie. Gatiti, amestecand din cand in cand, pana cand carnea este frageda si cade usor de pe os, 20 de minute. Scoateți bucățile de carne din sos cu o lingură cu

fantă și puneți-le într-un bol. Acoperiți pentru a se menține cald.

5.Serviți sosul peste fettuccine fierbinte, gătite, urmat de iepure sau pui ca fel al doilea. Se poate prepara in avans si se pastreaza intr-un recipient ermetic la frigider pana la 3 zile sau la congelator pana la 2 luni.

Tocană de ciuperci porcini și carne

Ragù di funghi și carne

Face aproximativ 6 căni

Deși s-a scris mult despre marile trufe albe din Piemont, ciupercile porcini, numite de francezi ciuperci porcini, sunt, de asemenea, o comoară a regiunii. Capacele groase maro ale ciupercilor porcini sunt abundente după ploaie și sunt purtate pe tulpini scurte de culoare albă crem, dându-le un aspect plin. Numele ei înseamnă porcușoară. Prăjite la grătar sau prăjite cu ulei de măsline și ierburi, ciupercile au o aromă dulce și de nucă. Deoarece ciupercile porcini proaspete sunt disponibile numai primăvara și toamna, bucătarii din această regiune se bazează pe ciupercile porcini uscate restul anului pentru a adăuga o aromă bogată, lemnoasă, sosurilor și brațurilor.

Ciupercile porcini uscate sunt de obicei vândute în ambalaje din plastic transparent sau celofan. Căutați felii mari, întregi, cu firimituri și reziduuri minime în partea de jos a pungii. Data „înainte de vânzare" trebuie să fie în termen de un an. Aroma se diminuează pe măsură ce ciupercile îmbătrânesc. Păstrați ciupercile porcini uscate într-un recipient ermetic.

1 1/2 căni de casăCiorbă de carne̱sau bulion de vită cumpărat din magazin

1 uncie ciuperci porcini uscate

2 căni de apă călduță

2 linguri ulei de masline

2 uncii panceta tocata

1 morcov, tocat

1 ceapa medie, tocata

1 coastă de țelină, tocată

1 catel de usturoi, tocat foarte fin

1/2 kg de vițel măcinat

1/2 cană vin alb sec

Sare și piper negru proaspăt măcinat

1 cană roșii prune din import proaspete sau conservate tocate

1/4 linguriță de nucșoară proaspăt rasă

1. Pregătiți bulion dacă este necesar. Într-un castron mediu, înmuiați ciupercile în apă timp de 30 de minute. Scoateți ciupercile din lichidul de înmuiat. Se strecoară lichidul printr-un filtru de cafea de hârtie sau printr-o cârpă umedă într-un bol curat și se pune deoparte. Clătiți ciupercile sub jet de apă, acordând o atenție deosebită fundului unde se acumulează pământ. Tăiați mărunt ciupercile.

2. Se toarnă uleiul într-o oală mare. Adăugați pancetta și gătiți la foc mediu aproximativ 5 minute. Adăugați morcovul, ceapa, țelina și usturoiul și gătiți, amestecând des, până când sunt fragezi și aurii, încă aproximativ 10 minute. Adăugați carnea de vițel și gătiți până se rumenește ușor, amestecând des pentru a rupe cocoloașele. Adăugați vinul și gătiți timp de 1 minut. Asezonați cu sare și piper.

3. Adăugați roșiile, ciupercile, nucșoara și lichidul de ciuperci rămas. Se aduce la fierbere. Fierbeți timp de 1 oră sau până când sosul s-a îngroșat. Se serveste fierbinte. Se poate prepara in avans si se pastreaza intr-un recipient ermetic la frigider pana la 3 zile sau la congelator pana la 2 luni.

Tocană de porc cu ierburi proaspete

Ragu di Maiale

Face 6 cani

La Natale Liberale din Puglia, eu și soțul meu am mâncat această tocană de porc tocată peste trocoli, spaghete proaspete, tăiate pătrat, asemănătoare cu pasta alla chitarra din Abruzzo. A fost făcută de mama ei, Enza, care mi-a arătat cum folosește un sucitor special din lemn canelat pentru a tăia foi de tăiței cu ou de casă. Ragù se potrivește și cu orecchiette sau fettuccine proaspete.

Varietatea de ierburi face ca Enza Ragù să fie atât de specială. Acestea îmbunătățesc aroma sosului pe măsură ce se fierbe. Ierburile proaspete sunt ideale, dar pot fi înlocuite și ierburile congelate sau uscate, deși evit busuiocul uscat, care este neplăcut. Dacă busuioc nu este disponibil, înlocuiți-l cu pătrunjel proaspăt.

4 linguri ulei de masline

1 ceapa medie, tocata marunt

1/2 cană busuioc proaspăt tocat sau pătrunjel cu frunze plate

1/4 cană frunze de mentă proaspătă tocate sau 1 linguriță uscată

1 lingura de salvie proaspata tocata sau 1 lingurita uscata

1 lingurita rozmarin proaspat tocat sau 1/2 lingurita uscata

1/2 linguriță de semințe de fenicul

1 kg carne de porc măcinată

Sare și piper negru proaspăt măcinat

1/2 cană vin roșu sec

1 conserve (28 uncii) de roșii italiene decojite cu suc, tocate

1. Puneți uleiul, ceapa, toate ierburile și semințele de fenicul într-o oală mare și dați focul la mediu. Gatiti, amestecand din cand in cand, pana ce ceapa este frageda si aurie, aproximativ 10 minute.

2. Se amestecă carnea de porc, apoi se condimentează cu sare și piper. Gatiti, amestecand des pentru a rupe cocoloase, pana cand carnea de porc isi pierde culoarea roz, aproximativ 10 minute. Adăugați vinul și fierbeți timp de 5 minute. Se amestecă roșiile și se fierbe timp de 1 oră sau până când sosul

s-a îngroşat. Se serveste fierbinte. Se poate prepara in avans si se pastreaza intr-un recipient ermetic la frigider pana la 3 zile sau la congelator pana la 2 luni.

Tocană de carne cu trufe

Ragu Tartufato

Face 5 cani

În Umbria, trufele negre locale sunt adăugate la ragù chiar la sfârșitul gătitului. Ele dau sosului o nota lemnoasa deosebita.

Puteți omite trufa sau puteți folosi o trufă în borcan disponibilă în magazinele de specialitate. O altă alternativă este să folosești o cantitate mică de ulei de trufe. Utilizați doar o cantitate mică, deoarece gustul poate fi copleșitor. Serviți acest sos cu fettuccine proaspăt. Sosul este atât de bogat încât nu este nevoie de brânză rasă.

1 uncie ciuperci porcini uscate

2 căni de apă fierbinte

2 linguri de unt nesarat

8 uncii carne de porc măcinată

8 uncii carne de vită măcinată

2 uncii pancetta feliată, tocată mărunt

1 coastă de țelină, tăiată la jumătate

1 morcov mediu, tăiat la jumătate

1 ceapa mica, curatata de coaja dar lasata intreaga

2 roșii medii proaspete, curățate, fără sămânță și tocate, sau 1 cană de roșii prune importate conservate, scurse și tocate

1 lingura pasta de rosii

1/4 cană smântână

1 trufă neagră mică, proaspătă sau borcanată, feliată subțire sau câteva picături de ulei de trufe

Un praf de nucsoara proaspat rasa

1. Puneti ciupercile porcini intr-un vas cu apa. Se lasă la macerat timp de 30 de minute. Scoateți ciupercile din lichid. Se strecoară lichidul printr-un filtru de cafea sau o cârpă umedă într-un bol curat și se pune deoparte. Spălați bine ciupercile sub apă rece, acordând o atenție deosebită bazei tulpinilor unde se adună pământul. Tăiați mărunt ciupercile.

2. Într-o oală mare, topește untul la foc mediu. Adăugați carnea și gătiți, amestecând pentru a rupe cocoloașele, până când carnea își pierde culoarea roz, dar nu se rumenește. Ar trebui să rămână moale.

3. Adăugați vinul și fierbeți timp de 1 minut. Adăugați țelina, morcovul, ceapa și ciupercile, precum și 1 cană de lichid, roșiile și pasta de roșii și amestecați bine. Gatiti la foc foarte mic timp de 1 ora. Dacă sosul devine prea uscat, adăugați puțin lichid în ciuperci.

4. Când ragù s-a fiert timp de o oră, scoateți țelina, morcovul și ceapa. Până în acest moment, sosul poate fi făcut în avans. Se lasa sa se raceasca, apoi se pastreaza intr-un recipient ermetic si se da la frigider pana la 3 zile sau se pastreaza la congelator pana la 2 luni. Reîncălziți sosul înainte de a continua.

5. Chiar înainte de servire, adăugați smântână, trufe și nucșoară la sosul iute. Se amestecă ușor, dar nu se fierbe pentru a păstra aroma trufei. Se serveste fierbinte.

Sos de unt-salvie

Salsa al Burro și Salvia

Face 1/2 cană

Este atât de simplu încât am ezitat să-l adaug, dar este sosul clasic pentru pastele proaspete cu ou, mai ales paste umplute precum ravioli. Folosiți unt proaspăt și stropiți vasul finit cu brânză Parmigiano-Reggiano proaspăt rasă.

1 baton de unt nesarat

6 frunze de salvie

Sare și piper negru proaspăt măcinat

branza parmezan

> Topim untul cu salvie la foc mic. Lasă să fiarbă 1 minut. Asezonați cu sare și piper. Se servesc cu paste fierte fierte si se orneaza cu branza Parmigiano-Reggiano.

Variație: Sos de unt brun: Gatiti untul cateva minute pana se rumeneste usor. Uită de salvie. Sos de alune: Adăugați în unt 1/4 cană de alune prăjite tocate. Uită de salvie.

ulei sfânt

Olio Santo

Face 1 cană

Italienii din Toscana, Abruzzo și alte părți ale Italiei centrale numesc acest ulei sfânt, deoarece este folosit pentru a „unge" multe supe și paste, similar cu felul în care uleiul sfânt este folosit în unele sacramente. Stropiți acest ulei în supe sau amestecați-l în paste. Atenție, e cald!

Puteți folosi ardei iute uscat găsit în supermarketul dvs. Dacă vă aflați într-o piață italiană, căutați peperoncino, sau „ardei iute", vânduți în pungi.

1 lingură ardei iute uscat zdrobit sau ardei iute roșu zdrobit

1 cană ulei de măsline extravirgin

Într-o sticlă mică de sticlă, combinați ardeii și uleiul. Acoperiți și agitați bine. Lăsați să stea timp de 1 săptămână înainte de utilizare. A se păstra într-un loc răcoros și întunecat timp de până la 3 luni.

Sos de brânză Fontina

Fonduta

Face 1³⁄4 cani

La Locanda di Felicin din Monforte d'Alba, Piemont, proprietarul Giorgio Rocca serveşte acest sos bogat şi delicios pe farfurii plate, garnisit cu aşchii de trufe ca aperitiv sau peste legume precum broccoli sau sparanghel. incearca-lGnocchi, De asemenea.

2 galbenusuri mari

1 cană smântână

1⁄2 lire Fontina Valle d'Aosta, tăiată în cuburi de 1⁄2 inch

> Într-o cratiţă mică, amestecaţi gălbenuşurile de ou şi smântâna. Adăugaţi brânza şi gătiţi la foc mediu, amestecând constant, până când brânza se topeşte şi sosul este omogen, aproximativ 2 minute. Se serveste fierbinte.

beşamel

Salsa cu balsamelle

Face aproximativ 4 cani

Acest sos alb simplu este de obicei combinat cu brânză și folosit peste paste sau legume coapte. Rețeta poate fi ușor înjumătățită.

1 litru de lapte

6 linguri de unt nesarat

5 linguri de faina

Sare si piper negru proaspat macinat dupa gust

Un praf de nucsoara proaspat rasa

1. Se încălzește laptele într-o cratiță medie până se formează bule mici pe margini.

2. Topiți untul într-o cratiță mare la foc mediu-mic. Se adauga faina si se amesteca bine. Lasam la fiert 2 minute.

3. Adăugați încet laptele într-un jet subțire, amestecând cu un tel. La început sosul va fi gros și cocoloși, dar treptat va deveni mai liber și mai fin pe măsură ce adăugați restul.

4. Cand se adauga tot laptele se adauga sare, piper si nucsoara. Creșteți focul la mediu și amestecați constant până când amestecul ajunge la fiert. Lasam la fiert inca 2 minute. Scoateți de pe foc. Acest sos poate fi preparat cu până la 2 zile înainte de utilizare. Se toarnă într-un recipient, se pune o bucată de folie de plastic direct pe suprafață și se sigilează ermetic pentru a preveni formarea unei piele, apoi se pune la frigider. Inainte de utilizare, se reincalzeste la foc mic si mai adauga putin lapte daca este prea gros.

sos de usturoi

Agliata

Face 1 1/2 cani

Sosul de usturoi poate fi servit cu carne fiarta sau la gratar, pui sau peste. L-am amestecat chiar și cu paste fierte calde pentru o masă rapidă. Această variantă vine din Piemont, deși am mâncat și agliată fără nuci în Sicilia. Îmi place aroma pe care i-o dau nucile prăjite.

2 catei de usturoi

2 sau 3 felii de pâine italiană, fără coaja

1/2 cană nuci prăjite

1 cană ulei de măsline extravirgin

Sare și piper negru proaspăt măcinat

1. Într-un robot de bucătărie sau blender, combinați usturoiul, pâinea, nucile, sare și piper după gust. Se procesează tocat mărunt.

2. În timp ce mașina funcționează, lucrați treptat în ulei. Procesați până când sosul este gros și neted.

3. Lăsați să stea la temperatura camerei timp de 1 oră înainte de servire.

Sos verde

salsa verde

Face 1 1/2 cani

Deși am mâncat salsa verde într-o formă sau alta în toată Italia, această variantă este preferata mea deoarece pâinea îi conferă o textură cremoasă și ajută la păstrarea pătrunjelul în lichid. În caz contrar, pătrunjelul și alte solide au tendința de a se scufunda în fund. Serviți sosul verde cu preparatul clasic de carne fiartă Bollito Misto (<u>Carne fiartă amestecată</u>), cu peste la gratar sau prajit, sau pe felii de rosii, oua fierte sau legume la abur. Posibilitățile sunt nelimitate.

3 cesti de patrunjel proaspat cu frunze plate impachetate

1 catel de usturoi

1/4 cană de pâine italiană sau franceză fără crustă, tăiată cubulețe

6 fileuri de hamsii

3 linguri capere scurse

1 cană ulei de măsline extravirgin

2 linguri otet de vin rosu sau alb

Sare

1. Intr-un robot de bucatarie se toaca marunt patrunjelul si usturoiul. Se adaugă cuburi de pâine, hamsii și capere și se toacă mărunt.

2. Cu mașina în funcțiune, adăugați uleiul și oțetul și un praf de sare. După amestecare, gustați pentru condimente; ajustați după cum este necesar. Acoperiți și păstrați la temperatura camerei timp de până la două ore sau la frigider pentru o păstrare mai lungă.

Sos sicilian cu usturoi si capere

Ammoghiu

Face aproximativ 2 cani

Insula Pantelleria de lângă Sicilia este cunoscută atât pentru vinul său aromat de desert Moscato di Pantelleria, cât și pentru caperele sale excelente. Caperele prosperă și cresc sălbatice pe toată insula. Primăvara plantele sunt acoperite cu flori frumoase roz și albe. Mugurii florali nedeschiși sunt caperele, care sunt recoltate și murate în sare de mare grosieră, o altă specialitate locală. Sicilianii cred că sarea păstrează gustul proaspăt al caperelor mai bine decât oțetul.

Acest sos negătit din capere, roșii și mult usturoi este un favorit sicilian cu pește sau paste. O modalitate de a o servi este cu peste crocant prajit sau calamari.

8 catei de usturoi, curatati de coaja

1 cană frunze de busuioc, clătite și uscate

1/2 cană frunze de pătrunjel proaspăt

Câteva frunze de țelină

6 roșii prune proaspete, curățate și fără semințe

2 linguri de capere, clătite și scurse

1/2 cană ulei de măsline extravirgin

Sare și piper negru proaspăt măcinat

1. Tăiați mărunt usturoiul, busuiocul, pătrunjelul și frunzele de țelină într-un robot de bucătărie. Adăugați roșiile și caperele și amestecați până se omogenizează.

2. Cu mașina în funcțiune, adăugați treptat uleiul de măsline și asezonați cu sare și piper. Procesați până când se omogenizează și se omogenizează bine. Se lasa sa se odihneasca 1 ora inainte de servire. Se serveste la temperatura camerei.

sos de patrunjel si ou

Salsa de la Prezzemolo și Uova

Face 2 cani

În Trentino-Alto Adige, acest sos este servit cu sparanghel proaspăt de primăvară. Ouăle fierte îi conferă o aromă bogată și o textură cremoasă. Se potrivește bine cu puiul poșat, somonul sau legume precum fasolea verde și sparanghelul.

4 ouă mari

1 cană de pătrunjel proaspăt, ușor ambalat

2 linguri de capere, clătite, scurse și tocate

1 catel de usturoi

1 lingurita coaja de lamaie rasa

1 cană ulei de măsline extravirgin

1 lingura suc proaspat de lamaie

Sare și piper negru proaspăt măcinat

1. Puneți ouăle într-o cratiță mică și acoperiți cu apă rece. Aduceți apa la fiert. Coaceți timp de 12 minute. Lăsați ouăle să se răcească sub jet de apă rece. Scurgeți și curățați. Tăiați ouăle și puneți-le într-un castron.

2. Se toaca patrunjelul, caperele si usturoiul foarte marunt intr-un robot de bucatarie sau cu mana. Adăugați-le în bol împreună cu ouăle.

3. Se amestecă cu coaja de lămâie. Folosind un tel, amestecați uleiul, sucul de lămâie, sare și piper după gust. Răzuiți într-o barcă cu sos. Acoperiți și lăsați la frigider pentru 1 oră sau peste noapte.

4. Scoateți sosul din frigider cu cel puțin 1/2 oră înainte de servire. Se amestecă bine și se gustă pentru condimentare.

Variație: Se amestecă 1 lingură de arpagic proaspăt tocat.

Ardei roșu și sos de roșii

Bagnetto Rosso

Face aproximativ 2 halbe

În Piemont, nordul Italiei, acest sos se face în cantități mari în lunile de vară când legumele sunt din belșug. Denumirea înseamnă „baie roșie" deoarece sosul este folosit cu carne fiartă sau cu pui, paste, omlete sau legume crude.

4 ardei rosii mari, tocati

1 cană de roșii proaspete decojite, fără semințe și mărunțite

1 ceapa medie, tocata

2 linguri ulei de masline

1 lingura otet de vin

1 lingurita zahar

Un praf de ardei rosu macinat

Un praf de scortisoara macinata

1. Se amestecă toate ingredientele într-o oală mare. Acoperiți oala și gătiți la foc mic. Se aduce la fierbere. (Aveți grijă să nu vă ardeți. Adăugați puțină apă dacă nu este suficient lichid.) Se fierbe timp de 1 oră, amestecând din când în când, până când ardeii sunt foarte fragezi.

2. Se lasa sa se raceasca putin. Treceți ingredientele printr-o moară sau procesați într-un blender sau robot de bucătărie până se omogenizează. Gust pentru condimente. Se toarnă sosul în recipiente închise ermetic și se dă la frigider până la o săptămână sau se congelează până la trei luni. Se serveste la temperatura camerei.

Sos de măsline

Salsa cu masline

Face aproximativ 1 cană

Pasta de măsline într-un borcan este la îndemână pentru a avea la îndemână rapid ca topping pentru crostini sau ca sos simplu pentru carnea la grătar. Alternativ, se pot folosi și măsline tocate mărunt. Merge de minune cu un file de roast beef sau ca o baie pentru pâine sau focaccia.

1/2 cană pastă de măsline negre

1 cățel de usturoi, curățat și aplatizat cu partea de cuțit

1 lingura rozmarin proaspat tocat

1/2 cană ulei de măsline extravirgin

1 până la 2 linguri de oțet balsamic

    Într-un castron mediu, amestecați pasta de măsline, usturoi, rozmarin, ulei și oțet. Daca sosul este prea gros, mai subtiaza-l cu putin ulei. Lăsați să stea la temperatura camerei timp de cel puțin 1 oră. Scoateți usturoiul înainte de servire.

Sos de rosii uscate

Salsa Pomodori Secchi

Face aproximativ 3/4 cană

Turnați acest sos peste fripturi, friptură de vită sau carne de porc rece sau ca antipasto peste o bucată de brânză moale de capră.

1/2 cană roșii uscate la soare murate scurse, tocate foarte fin

2 linguri patrunjel proaspat tocat

1 lingura capere tocate

1/2 cană ulei de măsline extravirgin

1 lingura otet balsamic

Piper negru proaspăt măcinat

Într-un castron mediu, amestecați toate ingredientele. Lăsați să se odihnească la temperatura camerei timp de 1 oră înainte de servire. Se serveste la temperatura camerei. Păstrați într-un recipient ermetic la frigider până la 2 zile.

www.ingramcontent.com/pod-product-compliance
Lightning Source LLC
Chambersburg PA
CBHW070401120526
44590CB00014B/1206